ZUR AUTORIN

MARIA WIESNER, aufgewachsen in Brandenburg, studierte Germanistik, Italianistik und Journalistik inklusive Volontariat in Dresden, Leipzig, Florenz und Reggio di Calabria. Seit 2016 arbeitet sie als Redakteurin im Ressort Gesellschaft bei faz.net.

mariawiesner.com

Maria Wiesner

RADIKAL SELBSTBESTIMMT

Ihrer Zeit weit voraus –
was wir von Alexandra Kollontai lernen können

HarperCollins

1. Auflage 2022
Originalausgabe

Umschlaggestaltung von Designbüro Lübbeke Naumann Thoben, Köln
Umschlagmotiv von ullstein bild Dtl. / Kontributor
Gesetzt aus der Minion Pro
von GGP Media GmbH, Pößneck
Druck und Bindung von CPI books GmbH, Leck
Printed in Germany
ISBN 978-3-365-00132-5
www.harpercollins.de

INHALT

»Ein feministisches Buch, das sich nicht mit der Liebe auseinandersetzt, wäre ein politischer Fehlschlag.«

Shulamith Firestone

»Für Kommunisten muss Sex genauso selbstverständlich sein wie ein Glas Wasser zu trinken.«

Alexandra Kollontai

INTERVIEW MIT FOLGEN

Zum 30. Jahrestag des Mauerfalls interviewte ich die amerikanische Wissenschaftlerin Kristen R. Ghodsee. Das Gespräch sollte sich um ihr Buch *Warum Frauen im Sozialismus besseren Sex haben* drehen. Ghodsee ist Professorin für Osteuropastudien an der Universität von Pennsylvania. Als die Sowjetunion zusammenbrach, kaufte sie sich ein Flugticket nach Europa und verbrachte Monate mit Forschungsreisen durch die Staaten des ehemaligen Ostblocks. Ihr Buch fasst zusammen, was sie über Jahre auf diesen Reisen und durch ihre Forschung gelernt hat. Das wollte ich genauer wissen. Aber wir schweiften bald ab. Wir sprachen über Feminismus, unsere Erfahrungen mit strukturellen Ungleichheiten und die Kämpfe für Gleichberechtigung in Europa und den USA. Sie erzählte, wie sie als Frau in Amerika in Schule und Universität um Anerkennung kämpfen musste. Ich erzählte, wie ich mich lange nicht als Feministin gesehen hatte und wie sich das erst durch meine journalistische Arbeit geändert hat. Natürlich drehte sich unser Gespräch auch um Sex, denn davon sprach ja der Titel ihres Buches.

Sexualität ist laut Ghodsee im Kapitalismus zu einem kommerziellen Gut geworden, ein von der Werbung genutztes Reizmittel, als Pornoindustrie auch ein eigener Schattenmarkt. Wirkliche Intimität, so urteilt die Publizistin, finde kaum Platz in einem Leben, das stark von finanziellem Druck geprägt ist. Wer hat schon Lust auf Sex, wenn die Gedanken darum kreisen, woher das Geld für die horrende Miete, für die steigenden Strompreise, Studiengebühren, Tankrechnungen oder Lebensmittel kommen soll? Außerdem, führte Ghodsee aus, sei die Entscheidung über Aussehen und Umgang mit dem eigenen Körper gerade für junge Frauen immer mehr von Werbung und Konsum beeinflusst. Magazine und Marketingkampagnen vermitteln noch immer Schönheitsideale, die gerade in der Pubertät zu einem gestörten Körperbewusstsein führen können. Das ist natürlich Absicht der Werbeplakate, immerhin verkaufen sie das Versprechen, dass man den eigenen Körper nur mit Cremes, Rasierern, Tönungen oder Vitamincocktails bändigen kann – und die Drohung, dass man das auch muss, um begehrenswerter zu werden.

Beim Ergründen der Ursprünge dieser Thesen zur Sexualität kamen wir unweigerlich auf die Feministin Alexandra Kollontai zu sprechen, der Ghodsee in ihrem Buch eine längere Passage widmet. Ich hatte Kollontais Namen dort zum ersten Mal gelesen, und nun fiel mir bei unserem Gespräch, das wir während der Pandemie per Videotelefonie führten, das Porträt Kollontais im Arbeitszimmer der Amerikanerin auf. Wir unterhielten uns über diese Frau, die vor rund 150 Jahren geboren wurde und deren Gedanken über Sexualität, Eherechte und die Gleichstellung der Frau heute noch immer revolutionäre Kraft ausstrahlen – sogar dort, wo sie gelebt und gearbeitet hat: Im heutigen, sehr patriarchalischen, zunehmend religiösen und nationalistischen Russland hätte sie kaum weniger Schwierigkeiten als im damaligen, und militaristisches Denken, das in Russland heute ebenfalls wütet, war ihr fremd – seine Überwindung betrieb sie nicht nur als Sache der Gesinnung, die etwa für den Frieden schreibt, hofft und betet, sondern auch als praktische Politikerin (einige ihrer größten Erfolge waren diplomatische, so stiftete sie einen wichtigen Frieden zwischen der Sowjetunion und einem Land, das sich seit Februar 2022 gegen Russland gestellt sieht und in die NATO strebt, nämlich Finnland). Sie war das Gegenteil einer naiven, unpolitischen Seele, die Politik für das Geschäft eines starken Mannes und muskulösen Anführers hält, das Gegenteil einer orthodox-christlich demütigen Hausfrau und erst recht das Gegenteil einer Person, der die nationale Macht wichtiger ist als das private und öffentliche Wohlergehen der Einzelnen in der Gesellschaft. Kein orthodoxer Pope oder sonstiger Geistlicher, kein Nationalist, kein Chef, kein General hätte ihr je den Mund verbieten können.

WER WAR ALEXANDRA KOLLONTAI?

Die Frau ließ mich nicht mehr los. Wie war es möglich, dass zu Beginn des 20. Jahrhunderts eine Frau in solcher Radikalität all die Dinge vorbrachte, mit denen sich Feministinnen von Westeuropa bis Amerika und im globalen Süden noch heute beschäftigen? Die Forderungen sind die gleichen, wir haben nur einige neue Wörter dafür gefunden: Anerkennung von Care-Arbeit, Schließung der Gender Pay Gap und sexuelle Selbstbestimmung.

Nach dem Interview mit Kristen Ghodsee begann ich, mich weiter mit Alexandra Kollontai zu beschäftigen. Die Frau hatte ihre Spuren in der Geschichte hinterlassen, nicht nur als Protestheldin, sondern als Person, die etwas erreicht hat und an einer wirklichen Regierung beteiligt war. Doch gab es über sie weniger Literatur, als ich erwartet hätte. Dabei hat sie ein Leben voller Kämpfe und Reisen und Konflikte gelebt, das Stoff für mindestens einen Film hergeben würde.[1]

Stellen Sie sich vor, es gäbe eine Frau, die verlangt, dass Abtreibungen straf- und kostenfrei angeboten werden müssen, dass Frauen ausnahmslos den gleichen Lohn wie Männer erhalten, dass Vorsorgeuntersuchungen für Frauen kostenlos sind und Krippenplätze ebenso. Würden Sie annehmen, dass eine Regierung diese Frau zur Ministerin macht? Genau das ist geschehen – und zwar schon vor mehr als hundert Jahren.

Alexandra Kollontai war eine Revolutionärin – im wahrsten Sinne des Wortes, denn sie kämpfte in der Februarrevolution 1905 und der Oktoberrevolution 1917 –, sie wurde zur ersten Ministerin der Moderne, setzte in dieser Position die oben erwähnten Punkte der Frauenrechte sofort um und begann, die traditionellen Vorstellungen von Partnerschaft und Sexualität umfassend zu kritisieren und durch andere zu ersetzen. Schließlich war sie auch noch Mutter, obendrein geschieden, alleinerziehend, Schriftstellerin, Rednerin und später dann Diplomatin, besuchte während ihres Lebens drei Kontinente, führte 1940 und 1944 maßgeblich die Friedensverhandlungen zwischen Finnland und der Sowjetunion und wurde dafür und für ihre diplomatische Arbeit in den schwierigen Kriegsjahren kurz nach dem Zweiten Weltkrieg von Schweden und Finnen zwei Mal für den Friedensnobelpreis vorgeschlagen.

Ihre radikalen Ideen hat sie gelebt, sie sind aufs Engste mit ihrem Lebensweg verwoben. In den nachfolgenden Kapiteln werden sie vorgestellt, aber auch das Leben dieser Revolutionärin, Ministerin, Diplomatin, Schriftstellerin und Mutter, in der Hoffnung, damit Rückschlüsse auf jene Aspekte ihres Denkens und Handelns zu ermöglichen, die noch heute den Kampf um Gleichberechtigung bestimmen.

Alexandra Kollontai wollte nicht einfach nur den Status der Frau in der Gesellschaft ändern. Sie sah, dass der Kapitalismus, in den ihr Land mit der voranschreitenden Industrialisierung und der Ausbeutung von Arbeitern und Umwelt steuerte, keine umfassende Lösung für die Probleme der Frauen bereithielt. Solange sich eine Gesellschaft auf die Ausbeutung Schwächerer und Ärmerer stützte, konnte es für sie auch keine Verbesserung der Position aller Frauen in dieser Gesellschaft geben. Alle Fragen nach der Gleichberechtigung der Frau und der Ausrichtung der Gesellschaft waren für sie untrennbar miteinander verbunden. Die eine Sorte Fragen konnte nicht ohne die andere gelöst werden.

Mit diesem Ansatz unterscheidet sich Alexandra Kollontai stark von anderen Feministinnen, die sich mit und nach ihr der Sache der Gleichberechtigung angenommen haben. Diese feministischen Kämpferinnen lassen sich in Gruppen unterteilen, zu denen Kollontai aber nicht gehört: Zum einen gab und gibt es Pragmatikerinnen, die keine Aussicht auf eine gesamtgesellschaftliche Lösung sahen oder sehen und daher innerhalb der engen Begrenzung des Möglichen das Maximale forderten, ohne Eigentums- oder andere Rahmenrechtsverhältnisse anzugreifen. Alice Schwarzer, die in den 1970er-Jahren die Abtreibungsdebatte in Deutschland anführte, ist hierzulande wohl das bekannteste Beispiel. Ebenso dachte die Französin Simone de Beauvoir, die nicht nur mit ihrer tiefgreifenden Analyse des Zusammenhangs zwischen wirtschaftlicher Abhängigkeit und gesellschaftlicher Position der Frau den Grundstein für den Feminismus des 20. Jahrhunderts legte, sondern sich in Frankreich vor allem aktiv für die Legalisierung der Abtreibung einsetzte.

Zum anderen gab und gibt es aber jene Feministinnen, die zwar Visionen einer gleichberechtigten Zukunft entwickelten, die jedoch bei aller Schönheit ihrer utopischen Theorie keine praktische Handlungsanleitung gaben oder geben und auch selbst selten viel erreicht haben beziehungsweise erreichen. Die Kanadierin Shulamith Firestone war eine solche Visionärin, die ebenfalls in den 1970er-Jahren als Second-Wave-Feministin äußerst liberale Ideen zur Kindererziehung formulierte. Ebenso die Amerikanerin bell hooks, die den Gedanken der Intersektionalität in die Feminismusdebatten brachte und für eine Politik der Liebe plädierte.

Alexandra Kollontai ist unter allen diesen Frauen eine Ausnahmeerscheinung, denn sie gehört weder zur einen noch zur anderen Gruppe ganz, sie ist sowohl Visionärin umfassender neuer Ideen zur Gleichberechtigung der Geschlechter, gleichzeitig aber auch Pragmatikerin, denn sie kämpfte konkret und mit greifbaren Ergebnissen für eine neue Gesellschaft ohne Ausbeutung, in der diese neuen Ideen (wie Abtreibungsrecht, Mutterschutz oder neue Formen der Ehe und Liebe) umgesetzt werden konnten.

Mittlerweile merken wir, dass die Auswirkungen der Ausbeutung von Mensch und Natur vor allem im globalen Süden sich durch den Klimawandel auch aus den wohlhabendsten Ländern nicht mehr fernhalten lassen. Wir stellen fest, dass wir nach 100 Jahren Frauenwahlrecht und mehr als 150 Jahren Frauenbewegung noch immer von Gender Pay

Gap, dem Fehlen von Frauen in Führungspositionen und seit den neuesten Entwicklungen – etwa in den Vereinigten Staaten oder Polen – wieder vom Recht auf Abtreibung reden müssen, von den erschreckenden Statistiken über häusliche Gewalt und Femizide ganz zu schweigen. Es lohnt sich, die Ideen und Grundsätze einer Frau in den Blick zu nehmen, die, lange vor uns, Revolutionäres bewirkte und den Mut hatte, ihr Leben nach ihren eigenen freiheitlichen Grundsätzen der gleichberechtigten Liebe und Partnerschaft zu gestalten.

»Ihr werdet bei Eurer Arbeit sehr oft dem Einwand begegnen, eine Veränderung der Stellung der Frau und ihrer Lebensbedingungen sei unmöglich. Man wird behaupten, diese seien durch die Eigenart ihres Geschlechts bedingt.«

Alexandra Kollontai
Die Stellung der Frau im Urkommunismus

NEUES EHERECHT UND FREIE PARTNERWAHL

ÜBERVERWÖHNT UND ÜBERLIEBKOST

1872 wird Alexandra Kollontai in Sankt Petersburg als Tochter eines ukrainisch-russischen Generals der zaristischen Armee und einer Finnin geboren, deren Vater im Holzhandel reich geworden war. Sie lebte in einer Zeit voller Umbrüche, wie schon ein Blick auf ihr Geburtsdatum zeigt: Je nach Quelle wird man den 19. März[2] oder 1. April 1872[3] finden, denn Russland stellte erst 1918, nach der Russischen Revolution, den Kalender vom julianischen auf das gregorianische System um, was eine Zeitdifferenz von 13 Tagen zur Folge hat.

Die Ehe der Eltern ist im Gegensatz zu den in jener Zeit üblichen gesellschaftlichen Normen keine von deren Eltern geplante und vereinbarte. Im Gegenteil, die Mutter Alexandra Masalina war schon verheiratet, als sie den aus der Ukraine stammenden Vater, Michael Domontowitsch, kennenlernte. Ihre erste Ehe war eine arrangierte Vernunftehe, die Mutter nicht glücklich. Eine Scheidung war seinerzeit aber keine übliche Maßnahme, um diese Situation zu ändern. Vielmehr wäre es nun an Masalina gewesen, auszuharren, die Ehe irgendwie zu ertragen, die Kinder großzuziehen und mit dem Befremden gegenüber dem Ehemann zurechtzukommen. Doch Masalina bestand darauf, ihr Schicksal selbst in die Hand zu nehmen und sich von ihrem Mann offiziell zu trennen. Sie heiratete den General und Großgrundbesitzer Michael Domontowitsch, und diesmal war es eine Ehe aus Liebe.

Der Kampf ihrer Eltern um die Selbstbestimmung ihrer Liebe sollte das Leben der Tochter und deren Vorstellungen von Beziehungen prägen.

Kollontai wuchs behütet auf. Als jüngste Tochter und einziges Kind, das aus dieser zweiten Ehe hervorging, verwöhnten die Eltern sie. In ihrer Autobiografie beschreibt sie sich als »Überverwöhnte und Überliebkoste«[4]. Luxus gab es im Haushalt der Eltern kaum, Verzicht jedoch ebenso wenig. Und damit erging es der jungen Alexandra weitaus besser als dem Großteil der Mädchen und jungen Frauen im Land.

Sie war sich dieser Privilegien früh bewusst. Wenn sie auf dem ländlichen Gut des Großvaters mit den Kindern der Bauern spielte, fielen ihr die Unterschiede »schmerzlich auf«, wie sie später schrieb. »Ich kritisierte schon als kleines Kind die Ungerechtigkeit der Erwachsenen und empfand es als deutlichen Widerspruch, dass mir alles geboten und den anderen Kindern so vieles versagt geblieben.«[5] Dieser scharfe Blick für Ungerechtigkeiten und der daraus folgende Drang, dagegen zu kämpfen, sollten später zum Antrieb der jungen Frau werden, gegen die gesellschaftlichen Schranken anzugehen, die vorschrieben, dass alles so zu bleiben hatte, wie es war.

Alexandra bekam im Haus der Eltern Privatunterricht, sie sprach schon mit sieben Jahren neben Finnisch, der Sprache ihrer Mutter, Englisch, Deutsch und Französisch sowie Italienisch und Bulgarisch. Die sprachliche Begabung sollte ihr später auf ihren zahlreichen Reisen nützen und ihre Arbeit als Diplomatin erleichtern. Wo genau sie mit den neuen politischen Ideen der Epoche in Berührung kam, darüber gibt es mehrere Thesen.

Eine führt Kristen Ghodsee in ihrem 2022 erschienenen Buch *Red Valkyries – Feminist Lessons From Five Revolutionary Women* [dt. Rote Walküren – Lektionen in Feminismus von fünf Revolutionärinnen] an: »Als ihr Vater auf den Balkan geschickt wurde, um dem seit 1878 vom Osmanischen Reich befreiten bulgarischen Staat beim Schreiben einer Verfassung zu helfen, nahm er seine frühreife Tochter mit, dort erhielt sie eine erste Kostprobe davon, wie politische Freiheit aus revolutionärem Kampf entstehen kann.«[6]

Eine andere These besagt, dass ihr eine ihrer Hauslehrerinnen sozialistische Ideen nahebrachte, ja sogar Schriften von Karl Marx und Friedrich Engels zu lesen gab. Man kann davon ausgehen, dass dies nicht Teil der Bildung war, die ihren Eltern vorgeschwebt hatte. Dass ihre Tochter überhaupt unterrichtet wurde, zeigt die Fortschrittlichkeit dieser

Familie. Bildung war für Frauen zu jener Zeit keine Selbstverständlichkeit. Vor allem der Vater hatte den Hausunterricht für seine Tochter unterstützt, weiter ging die Liberalität der Familie jedoch nicht. Als Alexandra von einem Studium zu träumen begann, untersagte es ihr die Mutter und erlaubte lediglich, das Examen abzulegen, das die Tochter für eine Lehrerinnentätigkeit qualifizierte. Auch in vielerlei anderen Belangen waren die Eltern noch zutiefst in den konservativen, bürgerlichen Traditionen ihrer Zeit verwurzelt. Und Alexandra sollte mit ihnen ihren ersten erbitterten Kampf führen, ihr Leben selbst bestimmen zu dürfen.

RECHT AUF LIEBE – UND FLUCHT AUS DER EHE

Ihre Mutter hatte beabsichtigt, Alexandra früh zu verheiraten. Ein ranghoher Militärbeamter stand dafür ebenso in Aussicht wie ein Mitglied aus dem weiteren Kreis der Zarenfamilie. Solche Vernunftehen, Kollontai nennt sie rückblickend »Verkaufsehen«[7], waren durchaus üblich, brauchte es doch einen wohlhabenden Mann, um eine Frau finanziell abzusichern. Ghodsee spricht von einem »Tausch der weiblichen Sexualität gegen Geld, Waren, Dienstleistungen und sozialen Status«.[8] Doch Alexandra wollte keine Ware sein, sie hatte ihren eigenen Kopf.

Als Kind hatte sie miterlebt, wie ihre Schwester mit neunzehn Jahren einen wohlhabenden, fast siebzigjährigen Mann heiraten musste. Eine solche Ehe, das verkündete sie ihren Eltern stur, käme für sie nicht infrage. Wenn sie schon heiraten sollte, dann nur aus Liebe. Die fand sie bei ihrem entfernten Vetter Wladimir Kollontai. Die Eltern waren mit ihrer Wahl des mittellosen Ingenieurs keineswegs einverstanden. Sie versuchten die Tochter abzulenken, schickten sie auf eine Bildungsreise durch Westeuropa und legten unbeabsichtigt einen weiteren Grundstein für die radikalen politischen Ansichten ihrer Tochter, denn – so erzählen es einige Biografen[9] – in einem Pariser Buchladen sollen ihr *Das Kommunistische Manifest* von Karl Marx und Friedrich Engels sowie die vom Letzteren verfasste Untersuchung *Der Ursprung der Familie, des Privateigenthums und des Staats* in die Hände gefallen sein. Beide Bücher prägten ihre politischen Ansichten, brachten ihr die Idee nahe, dass die Ungleichbehandlung der Frau auch mit dem gesellschaftlichen System zu tun hat und eng mit den wirtschaftlichen Verhältnissen im Kapitalismus verbunden ist. Ob die Lektüre der Bücher Kollontai auch in ihrem Entschluss bestärkte, der Vernunftehe, die ihren Eltern für sie vorschwebte, eine Absage zu erteilen, ist nirgends vermerkt. Fest steht: Nach ihrer Rückkehr nach Russland nahm sie mit einundzwanzig Jahren ihren entfernten Vetter Wladimir zum Mann.

Dessen Nachnamen, Kollontai, behielt sie bis an ihr Lebensende. Den Ehering legte sie hingegen schon recht bald wieder ab, obwohl sie ihren Mann noch liebte. Doch nur auf das Dasein als Hausfrau und, nach der Geburt des gemeinsamen Sohnes Michael im Jahr 1893, als Mutter, wollte sie sich nicht festlegen lassen. Es war ihr zu wenig. In ihren

Memoiren schreibt sie: »Der Mann geht arbeiten, während die Frau zu Hause bleibt, sich entweder in der Küche zu schaffen macht, sich die Rechnungen vom Kaufmann vornimmt oder sich anzieht, um Besuche zu machen. Alle diese kleinen wirtschaftlichen und häuslichen Sorgen füllten den ganzen Tag aus.«[10] Die Ehe hatte sie sich anders vorgestellt, sie hatte gedacht, dies wäre die Zeit, um sich als Schriftstellerin zu verwirklichen. Doch die häusliche Routine begann, sie zu ersticken.

EIN FABRIKBESUCH ÄNDERT ALLES

Als ihr Mann Wladimir 1896 einen Auftrag als Ingenieur für die große Textilfabrik in Krengholm bekam, war es für Alexandra zunächst eine Abwechslung vom Alltag, ihn dorthin zu begleiten. Doch der Fabrikbesuch sollte ihr Leben verändern.

Am Ufer des Flusses Narva an der heutigen estnischen Grenze gelegen, war diese vom Bremer Baumwollhändler Ludwig Knoop gegründete Fabrik in der zweiten Hälfte des 19. Jahrhunderts nicht nur die größte Baumwollspinnerei Russlands, sondern galt als größte Spinnerei der Welt. Ökonomen, die sie besuchten, stellten Vergleiche mit England an. Das bezog sich nicht nur auf die Größe der Fabrik, denn England war (besonders in der Region um Manchester) zu jener Zeit uneinholbar führend in der Textilproduktion, sondern auch auf die Arbeitsbedingungen, die an Sklaverei erinnerten: An sechs Tagen mussten Arbeiterinnen und Arbeiter mindestens zwölf Stunden in der Fabrik arbeiten, in den beengten Unterkünften fehlten einfachste Hygienestandards, ja schon fließendes Wasser, was dazu führte, dass sich Krankheiten ausbreiteten. Einen Arbeitsschutz gab es nicht, die Textilfasern, die in der Fabrik die Luft verschmutzten, führten bei vielen Arbeiterinnen und Arbeitern zu Tuberkuloseerkrankungen. Sie starben jung an den Folgen der Arbeitsbedingungen, die Lebenserwartung war gering, Arbeiter in Manchester wurden Mitte des 19. Jahrhunderts im Durchschnitt keine zwanzig Jahre alt. Die Profitgier der Fabrikbesitzer fraß diejenigen, die ihre Arbeitskraft verkaufen mussten.

In der Krengholm-Fabrik in Narva (die Stadt trägt den Namen des Flusses, an dem sie liegt) waren die Arbeitsbedingungen ähnlich katastrophal. 12 000 Männer und Frauen arbeiteten in den großen Hallen. Die Arbeit senkte auch hier die Lebenserwartung der Menschen, viele starben schon nach vier Jahren Arbeit in der Krengholm-Fabrik an den Folgen der brutalen Schufterei.

Ende des 19. Jahrhunderts fand in Narva der erste große Streik statt. Wer heute die estnische Stadt an der Grenze zu Russland besucht und die historischen roten Backsteingebäude, die sich noch immer entlang des Flussufers erstrecken, besichtigt, wird vor allem auf die Wohlfahrtsmaßnahmen der früheren Besitzer hingewiesen. Der Fabrikkomplex umfasste Unterkünfte für die Arbeiter, eine russisch-orthodoxe und eine lutheranische Kirche – denn die Arbeiterschaft bestand zu gleichen Teilen aus Esten und Russen – und eine Schule für die mehr als 1000 Kinder, die mit ihren Eltern hier lebten.

Dass die Lebens- und Arbeitsbedingungen wenig mit »Wohlfahrt« zu tun hatten, zeigt sich aber an dem, was Kollontai über ihren Besuch berichtet. In ihren Aufzeichnungen schrieb sie später: »Die Arbeiter lebten innerhalb der Fabrikmauern wie im Gefängnis. Nur einmal in der Woche, sonntags, durften sie in die Stadt.«[11] Doch dies war noch nicht das Schlimmste, was sie vorfand. Am meisten entsetzten sie die Hygienezustände der Unterkünfte. Was sie in den Schlafstätten der Fabrikarbeiter sah, schockierte sie zutiefst: Die Betten standen so eng beieinander, dass nur schmale Gassen ein Durchkommen ermöglichten. Dazwischen tapsten kleine Kinder. »Ich bemerkte einen Jungen, der so alt sein mochte wie mein Sohn und dalag, ohne sich zu rühren. Als ich mich zu ihm hinabbeugte, stellte ich voller Entsetzen fest, dass das Kind tot war. Der kleine Leichnam lag mitten unter den lebendigen, spielenden Kindern.«[12] Als sie ein älteres Mädchen darauf hinweist, sagt dieses ihr in abgeklärter Ruhe, dass solche Vorfälle öfter vorkämen und der Leichnam am Abend dann von der Mutter weggeschafft würde.

Es war dieser Augenblick, der sich Kollontai einbrannte. Das Bild der Menschen, die zu sehr mit ihrem eigenen Überleben unter unmenschlichen Arbeits- und Lebensbedingungen beschäftigt waren, um sich um das Wohlergehen eines Kindes zu kümmern, rüttelte an ihrem sozialen Gewissen. Sosehr ihr Mann sie am Abend auch zu beruhigen suchte und erklärte, seine neue Lüftung würde für bessere Arbeitsbedingungen sorgen – Kollontai ließ sich nicht umstimmen. Sie beschloss, politisch aktiv zu werden.

Im Rückblick auf ihr Leben wird sie schreiben: »Lebenslustig war ich, stand voller Wissbegierde dem Leben gegenüber und wollte glücklich sein. Dazu aber ist es notwendig, das Elend der arbeitenden Menschen zu verringern und Rechtmäßigkeit und Gerechtigkeit einen festen Platz zu verschaffen.«[13] Sie beginnt, Abendschulen für Arbeiter zu organisieren, unterrichtet selbst und organisiert ein Untergrundnetzwerk, um von der Geheimpolizei verfolgten Aktivisten und politischen Gefangenen zu helfen.[14]

Sie war der Überzeugung, gegen diese Ungerechtigkeiten kämpfen zu müssen. An ihrem politischen Aktivismus sollte die Ehe scheitern. Wladimir Kollontai konnte noch Verständnis dafür aufbringen, dass seine Frau ihn auf Geschäftsreisen begleiten wollte, doch dass sie nun eigene Schlüsse aus dem Gesehenen zog und sich politisch engagieren wollte, war für ihn nicht mehr mit seinen Vorstellungen von Wesen und Tätigkeit einer Ehefrau zusammenzubringen. Bei ihrem Kampf konnte Kollontai nicht auf seine Hilfe rechnen.

Später wird sie seinen Wunsch, sie auf die Rolle als brave Hausfrau und Mutter zu beschränken, in ihren Kurzgeschichten und Novellen literarisch verarbeiten[15]. Den Glauben an die romantische Liebe sollte Kollontai trotz dieses privaten Rückschlags nicht aufgeben, selbst wenn sie an ihrer Überzeugung festhielt, dass man sich für diese Liebe nicht opfern sollte. In ihr hatte die Bildung, die ihre Eltern ihr angedeihen ließen, den Wunsch nach Größerem geweckt. Der Traum, den die Mutter ihr vor der Heirat verwehrt hatte, flackerte wieder in ihr auf. Sie wollte ihren Horizont erweitern, sich in neue Themen vertiefen, mehr über die Hintergründe der gesellschaftlichen Missstände und wie man sie beseitigen könnte lernen – kurzum, sie strebte nach der Universität. Doch dieser Wunsch war nicht so leicht zu erfüllen.

RECHT AUF BILDUNG FÜR FRAUEN – AUCH FRAUEN WOLLEN STUDIEREN

Bildung für Mädchen und Frauen war noch immer keine Selbstverständlichkeit. Wie schon erwähnt, verdankte Kollontai es ihrem liberalen Vater, dass sie überhaupt Hausunterricht in großem Umfang und thematischer Breite genießen konnte. Das Abitur war ab dem 19. Jahrhundert Zugangsvoraussetzung für ein Universitätsstudium. Doch Mädchengymnasien gab es weder in Russland noch in anderen europäischen Ländern.

Zwar hatten die USA bereits 1830 Women's Colleges eingeführt, doch waren dies private Einrichtungen, für deren Besuch die nötigen finanziellen Mittel vorhanden sein mussten. In Europa begann die Frauenbewegung gerade erst für gleichberechtigte Bildungschancen zu kämpfen, stieß aber von Großbritannien bis Deutschland auf starken Widerstand.

Wenn Frauen als Gasthörerinnen zugelassen wurden, dann verdankten sie dies Ausnahmeregelungen liberaler Professoren. Noch um 1900 musste die jüdische Mathematikerin Emmy Noether an den Universitäten Erlangen und Göttingen die Professoren um Erlaubnis fragen, ob sie als Frau an deren Vorlesungen teilnehmen könne. Man befürchtete, weibliche Hörerinnen könnten die Aufmerksamkeit der Studenten beeinflussen und deren Studienergebnisse gefährden. Selbst die in Großbritannien bereits etablierte Schriftstellerin Virginia Woolf musste 1928, als sie eine Vorlesung vor Frauen an der Universität Cambridge hielt, noch hinnehmen, dass man ihr den Zutritt zur Bibliothek verweigerte, worüber sie in ihrem berühmten feministischen Essay *Ein Zimmer für sich allein* echauffierte.[16]

Ab 1859, nach dem Krimkrieg (1853–1856), durften Frauen in Russland für eine kurze Zeitspanne Universitäten als Hörerinnen besuchen. Aber schon fünf Jahre später wurde ihnen mit einem neuen Statut der Zugang wieder untersagt. Den Emanzipationswillen und Wissensdrang der adligen und bürgerlichen Frauen konnte diese Regelung jedoch nicht bremsen. Sie suchten im Ausland nach Möglichkeiten der Universitätsbildung und fanden sie in der Schweiz.

Dort ließ die 1833 neugegründete Universität Zürich bereits ab 1840 Frauen zum Studium zu, denn die junge Bildungsstätte benötigte die zusätzlichen Einschreibungsgebühren. 1867 promovierte dort die Russin Nadeschda Suslowa in Medizin, damit war sie die erste promovierte russische Ärztin. Ihr Fall machte unter der gebildeten Schicht des aufstrebenden russischen Bürgertums schnell die Runde. Russinnen, die es sich leisten konnten, gingen zum Studium in die Schweiz. Die Aufnahmehürde war dort niedrig, denn man verlangte kein Reifezeugnis über die schulische Vorbildung, lediglich ein Sittenzeugnis musste vorgelegt werden.

Die Schweiz war folglich auch für die wissensdurstige Alexandra Kollontai die erste Wahl auf der Suche nach einem geeigneten Studienplatz. Zwar hatte sie ihrer Mutter vor der Heirat mit dem mittellosen Ingenieur versichert, sie könne ihren Lebensunterhalt notfalls als Lehrerin bestreiten, doch das Studium konnte auch sie sich nur mit der finanziellen Hilfe ihrer Eltern leisten[17] – schon zuvor hatten die Eltern dem jungen Paar immer wieder mit Geld unter die Arme gegriffen. Für die Hochzeitsreise hatte Alexandra noch einiges aus ihrem Schmuckkästchen versetzt, das Kindermädchen für den Sohn bezahlte Alexandras Mutter, und auch der Vater steckte seiner Tochter immer wieder kleine Beträge zu. Als Alexandra ihrem Vater von ihren Studienplänen erzählte, willigte dieser ein, ihr das Geld dafür zu geben, unter der Bedingung, der Mutter zunächst nichts davon zu erzählen.

Ihren Mann Wladimir, der auf Dienstreise unterwegs war, als sie sich 1898 auf den Weg in die Schweiz machte, ließ Kollontai in Russland zurück. Den mittlerweile drei Jahre alten Sohn Michael gab sie bei ihren Eltern in Obhut und fuhr nach Zürich[18], um mehr aus ihrem Leben zu machen, als das vorgesehene Hausfrauendasein ihr hätte bieten können.

»Solche Frauengestalten voller Schönheit und Kraft zeigen uns, wozu die Frau imstande war, wenn man nicht ihren Verstand, ihr Herz und ihre Seele abtötete, indem man sie zu einem entwürdigenden Dasein zwischen den vier Wänden ihres Haushaltes verurteilte.«

Alexandra Kollontai
Die Rolle der Frau im ökonomischen System der Sklaverei

DIE GLEICHBERECHTIGUNG DER FRAU

WORIN SIMONE DE BEAUVOIR UND KOLLONTAI SICH EINIG WAREN

In Zürich, an der einzigen Universität, an der Männer und Frauen im deutschsprachigen Raum gleichberechtigt studieren konnten, hatte sich Alexandra Kollontai für ein Studium der Sozial- und Wirtschaftswissenschaften eingeschrieben. In ihrer Autobiografie hebt sie die Kurse beim Nationalökonomen Heinrich Herkner hervor, der später gemeinsam mit Max Weber die Deutsche Gesellschaft für Soziologie gründen sollte.

In der Zeit ihres Ökonomiestudiums entdeckte sie, dass Wirtschaft, Politik und Privatleben als Wissens- wie auch als politische Bereiche nicht voneinander getrennt werden können. Zu dieser Einsicht brachten sie nicht nur die Kurse an der Universität, wichtiger noch waren die vielen neuen Kontakte zu jungen, politisch engagierten Frauen und Männern aus ganz Europa, die sie hier knüpfte. Die Schweiz und besonders Zürich war ein Treffpunkt bildungshungriger

Frauen geworden. Kollontai lernte nicht nur liberale Russinnen kennen, sondern Frauen aus den unterschiedlichsten Nationen. Man tauschte sich über die Heimatländer, Literatur, die Frauenbewegung und neue politische und ökonomische Ideen aus. Diese Diskussionen vertieften ihre radikalen Ideen, schärften ihren Blick und festigten ihre Entscheidung, sich politisch zu engagieren.

Kollontai studierte also an der Universität Ökonomie und bei den Treffen der Frauenbewegung in Zürich die Probleme der Gleichberechtigung. Wie schnell Zugeständnisse der Mächtigen an die von ihnen Regierten wieder zurückgenommen werden konnten, hatten intellektuelle Frauen in Russland schon erlebt: Nach der Einführung des Frauenstudiums Mitte des 19. Jahrhunderts schaffte der Zar es wenige Jahre später wieder ab. In ihren Geschichtsstudien fand Kollontai ähnliche Situationen in unterschiedlichsten Epochen der Vergangenheit. Was sie hier lernte, sollte sie später in Russland selbst in Vorlesungen weitergeben. An der Moskauer Swerdlow-Universität hielt sie 1921 vierzehn Vorlesungen vor Arbeiterinnen und Bäuerinnen, in denen sie vor allem die gesellschaftlichen Ursachen für die Unterdrückung der Frau herausarbeitete.

Sie ging dabei ähnlich vor wie die Schriftstellerin und Philosophin Simone de Beauvoir es einige Jahre später, einige Tausend Kilometer weiter westlich in Paris tun sollte, als sie *Das andere Geschlecht* schrieb. Beauvoirs Buch, das 1949 erschien, gilt nicht nur Feministinnen als grundlegendes Werk der Sozialgeschichte, weil die Französin darin zum ersten

Mal einen geschichtlichen Überblick zur Stellung der Frau erarbeitete. Es ist bemerkenswert, dass ein ähnlicher Ansatz bei Kollontai zu entdecken ist, die im Kampf für die Gleichstellung der Frau in den Ländern des Ostblocks später eine ähnlich wichtige Stellung einnehmen sollte, wie Beauvoir sie für Europa und Amerika innehat.

In ihren vierzehn Vorlesungen beginnt auch Kollontai mit dem Blick in die Geschichte. Sie fasst zusammen, was als grundsätzliche Gegebenheit damals gelehrt wurde: »Die Abhängigkeit der Frau, ihre untergeordnete Stellung zum Mann hätten seit eh und je existiert, daran werde sich auch in Zukunft nichts ändern. ›So haben unsere Vorväter gelebt, und so werden auch unsere Enkel leben.‹ Den besten Einwand gegen solche Argumente liefert die Geschichte selbst; die Geschichte über die Entwicklung der menschlichen Gesellschaft; die Kenntnis über die Vergangenheit und wie sich die Verhältnisse in ihr nun wirklich gestalteten.«[19]

Der Blick in die Geschichte sollte den jungen Frauen die nötige Munition geben, um sich gegen konservative Angriffe auf die Forderung nach Gleichberechtigung der Geschlechter wortgewandt verteidigen zu können: »Wisst ihr erst mal über die Lebensbedingungen Bescheid, wie sie vor vielen Tausend Jahren herrschten, so werdet ihr euch selbst davon überzeugen, dass die mangelnde Gleichberechtigung der Frau gegenüber dem Manne, dass ihre sklavenhafte Unterordnung nicht seit eh und je existiert haben. Es gab Perioden, in denen die Frau als dem Mann völlig gleichwertig betrachtet wurde.«[20]

Besonders der letzte Satz ist hier mit Bedacht zu lesen, denn Simone de Beauvoir kam in ihrer Analyse zu einem ähnlichen Ergebnis, ohne dass sie Kollontais Ausführungen konsultiert hätte. Bei beiden Analysen hinsichtlich der Geschichte wird der Wechsel der Stellung der Frau in der Gesellschaft herausgearbeitet. Immer wieder gab es Perioden, in denen Frauen eines gewissen Standes gleiche Rechte wie Männer hatten. Kollontai stellt dies für die frühen Stammeskulturen fest, findet aber auch im Mittelalter Belege dafür. Markgräfinnen und Burgherrinnen dienen ihr als Beispiel, da deren Bildung weit über die ihrer Männer hinausging. Im Gegensatz zu den Rittern konnten sie lesen, schreiben und rechnen und so die Burg und die Verpachtung der Ländereien organisieren, wenn der Burgherr auf Kreuzzügen oder anderen Unternehmungen unterwegs war.

Mit Verschärfung des Erbrechts wurde diese privilegierte Stellung jedoch bereits im späten Mittelalter wieder nivelliert. Die Vorstellung von minnenden Sängern, die eine ranghöhere, tugendhafte Frau anbeten, wurde später in der Romantik zu einem verzerrten Bild der Gesellschaftsverhältnisse verklärt. Viel Romantik gab es für die meisten Frauen im Mittelalter in Wahrheit nicht. Vielmehr wuchs rasch wieder das Misstrauen gegenüber Frauen, die zu gebildet waren, und die Entwicklung, die einsetzte, als die Emanzipation den Männern zu weit ging, fand schließlich in der Hexenverfolgung ihren Tiefpunkt.

Mit dem Erstarken des Bürgertums drehte sich die Situation abermals, wie Kollontai analysiert: »In dieser Übergangsperiode genoss die vornehme Frau innerhalb der aufstrebenden Bourgeoisie eine gewisse persönliche Anerkennung und begrenzte Freiheiten. Diese Frauen durften nicht nur auf rauschenden Festen und zahlreichen Kaffeekränzchen ihre Zeit totschlagen, wenn sie wollten, hatten sie auch freien Zutritt zu wissenschaftlichen und philosophischen Studien.«[21]

Beauvoir schreibt zum selben Zusammenhang: »Die Epochen, die die Frauen am aufrichtigsten gemocht haben, sind weder der ritterliche Feudalismus noch das galante 19. Jahrhundert, sondern Epochen – wie das 18. Jahrhundert zum Beispiel –, in denen die Männer in den Frauen Gleichwertige sahen.«[22]

Ein anschauliches Beispiel für die Echos dieser historischen Umstände in späteren Zeiten liefert die Romanverfilmung *Eiskalte Engel* aus dem Jahr 1999. In diesem Film spielen Buffy-Star Sarah Michelle Gellar und Ryan Phillippe zwei intrigante Stiefgeschwister der amerikanischen High Society, die aus Langeweile Sex- und Machtspielchen mit Mitschülern treiben.

Der Film basiert auf dem Roman *Gefährliche Liebschaften* des französischen Schriftstellers Choderlos de Laclos. Er schrieb ihn am Vorabend der Französischen Revolution 1782 und hält damit dem dekadenten Ancien Régime, der absolutistischen Herrschaft in Paris, den Spiegel vor. Wie im Film, so unterhalten sich auch in de Laclos' Briefroman zwei Intrigenspinner, der Vicomte de Valmont und seine Gesprächspartnerin, die Marquise de Merteuil. Was bei der heutigen Lektüre des Romans auffällt, ist, wie gleichberechtigt die Marquise mit dem Vicomte umspringt. Die Briefe zeigen ein Gespräch auf Augenhöhe. Beide nehmen sich das Recht heraus, ihren Liebschaften und Affären nachzugehen, wohl wissend, dass ihnen die gesellschaftliche Ächtung droht, wenn ihre Spielchen irgendwann auffliegen (was sie dann auch tun). In der Verfilmung des britischen Regisseurs Stephen Frears aus dem Jahr 1988 hingegen bekommt die Marquise einen längeren Monolog, in dem sie sich vor dem Vicomte rechtfertigt. Sie verteidigt darin ihr Anrecht darauf, ihr Leben selbst so zu gestalten, wie sie es für richtig hält. Auch in *Eiskalte Engel* hält Sarah Michelle Gellar, die die moderne Verkörperung der intriganten Marquise gibt, einen ähnlichen Monolog über das Selbstbestimmungsrecht der Frauen.

Diese Stelle als Anklage an die Verhältnisse, als Einforderungen modernerer Beziehungsmuster zwischen Männern und Frauen, ist im Roman aber nicht zu finden. Der Ton, der zwischen Marquise und Vicomte herrscht, macht es überflüssig klarzustellen, dass es sich hier um gleichwertige Partner im Gedankenaustausch handelt. Kein Geschlecht schaut auf das andere hinab. Die Gleichstellung der Geschlechter, das macht de Laclos' Figurenzeichnung deutlich, war zumindest unter den Adligen jener Zeit bereits Selbstverständlichkeit.

De Beauvoir lobt de Laclos' Frauenbeschreibungen: »Die Heldinnen […] sind ohne Geheimnis, deshalb aber nicht minder anziehend.«[23] Und sie fügt hinzu: »In der Frau ein menschliches Wesen erkennen heißt nicht, die Erfahrung der Männer ärmer zu machen.« Eine so simple wie grundlegende Forderung, die weder zu Beauvoirs Zeit noch der Kollontais selbstverständlich war.

In den Jahren, die zwischen dem Kampf Kollontais und dem Buch Beauvoirs liegen, hatte sich die Situation für Frauen zwar auf dem Papier geändert, selbst Frankreich hatte 1944 endlich das Frauenwahlrecht in die Verfassung aufgenommen. Dass diese Errungenschaft jedoch nicht automatisch zu weitreichender Gleichberechtigung führte, kritisiert Beauvoir. Sie schreibt in ihren Betrachtungen zu de Laclos weiter: »In der Haltung der Männer von heute liegt eine Doppelzüngigkeit, die bei der Frau eine schmerzhafte Zerrissenheit bewirkt: sie billigen weitgehend, dass die Frau ebenbürtig, gleichwertig ist, verlangen aber weiterhin, dass sie das Unwesentliche bleibt.«[24]

Auch Kollontai kämpfte dagegen an, dass die Frau »das Unwesentliche« bleibt. Für sie stand früh fest, dass es nicht allein mit Wahlrechtsforderungen, wie sie die bürgerlichen Feministinnen formulierten, getan wäre. Aus diesem Grund haderte sie auch mit der Idee, sich als Feministin zu bezeichnen, da die Forderungen dieser bürgerlichen Bewegung ihr nicht radikal genug waren, nicht weit genug gingen. Solange Frauen von ihren Männern finanziell abhängig waren sowie eine Ehe zur Absicherung des Lebensunterhalts brauchten und damit jeglicher Grundlage entbehrten, ein selbstbestimmtes Leben zu führen, würde es keine Gleichberechtigung geben, auch wenn man alle paar Jahre seine Stimme bei Wahlen abgeben durfte.

Wollten Frauen unabhängig sein, so musste nicht nur das Wahlrecht, sondern auch Ehegesetze und Arbeitsbedingungen reformiert werden – das lehrte sie der Blick in die Geschichte, und das ist es auch, was sie jungen Frauen immer wieder in ihren Schriften mit auf den Weg gab.

GLEICHBERECHTIGTE PARTNERSCHAFT

Alexandra Kollontai war nicht die einzige junge Frau, die zu jener Zeit mehr Freiheiten forderte und sie sich etwa durch die Scheidung und das Studium herausnahm. In Zürich traf sie 1901 zum ersten Mal Rosa Luxemburg, die sich an der Universität unter anderem für Philosophie, Volkswirtschaftslehre und Rechtswissenschaften eingeschrieben hatte. In Luxemburg erkannte sie eine Gleichgesinnte. Auch deren Position zur Frauenfrage war radikaler als die der bürgerlichen Frauenrechtlerinnen. Ebenso wie Kollontai sah sie die Stellung der Frauen als Resultat des gesellschaftlichen und wirtschaftlichen Entwicklungsstands und forderte folglich eine Gesellschaft, in der Frauen Männern in allen Belangen gleichberechtigt waren.

Rosa Luxemburgs Leben war wie Kollontais geprägt von der Umsetzung eigener Vorstellungen darüber, wie frei das Individuum in der Gesellschaft in der Gestaltung privater Beziehungen sein sollte. Ihre erste Ehe ging sie mit Gustav Lübeck, dem Sohn eines aktiven Sozialdemokraten, ein. Sie diente allein dem Zweck, von Polen nach Deutschland überzusiedeln, um dort ihrer politischen Arbeit nachzugehen.

Nach ihrer Scheidung lebte sie in Berlin, musste ihren Geliebten Leo Jogiches bei ihrer Wirtin aber als »Vetter« einquartieren. Das brachte für das Zusammenleben so einige Schwierigkeiten mit sich, wie Dietmar Dath in seiner Luxemburg-Biografie schreibt: »Die Täuschung und Verschwiegenheit zehren an ihr, weil Lebensentscheidungen, die anderen Frauen möglich sind, so gar nicht infrage kommen – etwa Kinder –, und er, ein dominanter, sturer, kantiger Mann, wie viele Revolutionäre kein Genie der Rücksichtnahme oder Sensibilität, beschwert sich, dass die Frau, mit der er lebt – wenn auch nicht offiziell –, ihm nicht den Rücken stärkt, sondern lieber eigene politische Abenteuer bestehen will.«[25] Zeitlebens wird Luxemburg ihre Liebe nur in solchen für beide Partner schwierigen Arrangements ausleben können.

Kollontai erging es ähnlich, auch die Männer, die sie liebte, taten sich schwer, sie in ihrem politischen Kampf zu unterstützen. Die Ehe mit Wladimir Kollontai sollte an dessen mangelndem Verständnis für ihre Wünsche und Kämpfe zerbrechen. Andere Partner forderten von ihr Zugeständnisse zugunsten der Beziehung, zu denen sie nicht bereit war. Ein Hausfrauendasein kam für sie ebenso wenig infrage wie die Rolle eines hübschen Anhängsels. Doch ohne Liebe leben, das konnte und wollte sie nicht. Sie suchte sie in eigenen Formen, dehnte die gesellschaftlichen Normen, ließ sich nicht vorschreiben, wie sie ihre Partnerschaften zu führen hatte. Viel später, um 1950, rund zwei Jahre vor ihrem Tod, wird Kollontai im Rückblick auf ihr Leben schreiben: »Liebe und Freundschaft spielten eine große Rolle in meinem Leben. Nicht aber Neid, und auch nicht Eifersucht. Ich habe es geschafft, selbst die Eifersucht durch Wohlwollen zu besiegen.«[26]

Für Kollontai waren Liebe und Freundschaften gleichrangig. Der bürgerlichen Idee der romantischen Zweierbeziehung, die im Ideal der Kernfamilie endet und keine weiteren starken emotionalen Verbindungen zu anderen Personen duldet, konnte sie nichts abgewinnen. In ihren Schriften lobt Kollontai die Freundschaft als eine Möglichkeit, mit mehreren Menschen unterschiedlichster Gedanken- und Gefühlswelten verbunden zu sein und für diese Menschen eine Liebe zu empfinden, die der der romantischen Zweierbeziehung in nichts nachstehen muss. Auch in ihrem eigenen Leben hielten Freundschaften länger als viele ihrer Beziehungen.

So wohnte sie nach der Scheidung von Wladimir in Russland mit ihrer Freundin, der Journalistin und Autorin Soja Schadurskaja und ihrem Sohn Michael zusammen. Die beiden Frauen zogen das Kind zeitweilig gemeinsam auf. Kollontai bezeichnete Schadurskaja als »liebsten Menschen auf Erden«[27], gleich nach ihrem Sohn. Die beiden Frauen hatten sich als Kinder in Bulgarien kennengelernt, wohin Kollontais Vater 1878 entsandt worden war, um den neuen Staat bei der Ausarbeitung einer Verfassung zu unterstützen.[28] Alexandra und Soja blieben sich ein Leben lang freundschaftlich verbunden. Sie führten über Jahre rege Briefwechsel. In den Aufzeichnungen, die von Kollontai in Briefen und Tagebüchern erhalten sind, spielt die Freundin immer wieder eine Rolle. Sie teilten die gleichen Ansichten in Bezug auf das Leben der modernen Frau. Wie Kollontai versuchte auch Schadurskaja, unabhängig zu leben, ihr eigenes Geld durch Schreiben zu verdienen. Im Gegensatz zur Freundin sollte Schadurskaja niemals heiraten.[29]

Freundinnen und Freunde verstanden Kollontais Leidenschaft und Kampfgeist meist besser als ihre Partner. Denn für Kollontai kam die politische Arbeit immer an erster Stelle. Und da Liebe ihrer Meinung nach eine freie Entscheidung sein sollte, die nicht aufgrund von Geld oder Absicherungsaspekten beeinflusst werden sollte, richtete sie ihre Kraft nicht nur darauf, Ehegesetze zu reformieren. Sie plädierte auch in ihren Zeitungsartikeln, Aufsätzen, Essays und Kurzgeschichten für einen freieren Umgang mit der Liebe. Dass die Gesellschaft noch nicht bereit war, ihren radikalen Forderungen ohne Weiteres zu folgen, musste sie immer wieder schmerzlich feststellen. Ihr Lebensstil gab manchem politischen Gegner Futter für diffamierende Kommentare, so warf ihr der Journalist Pitirim Sorokin einen krankhaften Sextrieb vor: »Für diese Frau steht fest, dass ihr revolutionärer Enthusiasmus nur dazu dient, ihre sexuelle Satyromanie zu befriedigen. Trotz ihrer zahlreichen ›Ehemänner‹ ist Kollontai, die erst die Frau eines Generals[30] und später die Geliebte eines guten Dutzends Männer war, immer noch nicht befriedigt.«[31] Die Strategie, eine politisch engagierte Frau mit eigenen Ideen durch den Vorwurf niederer Instinkte zu diskreditieren, ihre Persönlichkeit auf Sexualität und triebhaftes Verhalten zu beschränken, bleibt – vor allem in den sozialen Netzwerken – bis heute ein beliebtes Mittel der Wahl.

Doch Kollontai gab nichts auf solche Angriffe, davon zeugen ihre Tagebuchaufzeichnungen. In ihnen zeigt sich auch, dass sie später, als Diplomatin, Verleumdungskampagnen durch die konservative Presse nüchtern zur Kenntnis nahm und dann beiseitewischte. Sie hatte Wichtigeres zu tun, als solchen Anfeindungen viel Zeit und Energie zu schenken.

Vielleicht hatten Zwischenrufe zu Beginn ihrer politischen Arbeit ihr dabei geholfen, sich eine dickere Haut zuzulegen. Denn sie blieb fest bei ihrer Überzeugung, dass zum Beispiel eine Scheidung in der Biografie kein Makel war. Dabei argumentierte sie mit der Vernunft: Wenn ein Paar feststellte, dass die Liebe verflogen und ein Zusammenleben nicht mehr möglich war, warum sollte man sich weiter gegenseitig quälen? Warum nicht die Verbindung aufheben und ohne Hass und Groll auseinandergehen?

Voraussetzung für eine einvernehmliche Trennung war und bleibt jedoch, dass die Frau sich selbst versorgen konnte, dass also ihre Arbeit ebenso entlohnt wurde wie die Arbeit der Männer. Und, dies war und bleibt die zweite Voraussetzung, dass sich während ihrer Arbeitszeit jemand um die Kinder kümmert. Wie also konnte man dafür sorgen, dass Frauen die Care-Arbeit für Kinder und im besten Fall auch die Aufgaben der Haushaltsführung abgenommen werden? Wie eine ordentliche Entlohnung von Arbeiterinnen durchsetzen, die nicht nur ein Existenzminimum, sondern ein unabhängiges Leben garantierte? Wie überhaupt Frauen in bessere Arbeitspositionen bringen?

WIE DIE KRIEGSGEGNERIN BOLSCHEWIKIN WURDE

All das waren Fragen und Impulse, die Alexandra Kollontai aus Zürich, von zahlreichen neuen Gesprächspartnerinnen, Mitstudentinnen und Mitgliedern der Frauenbewegung, mit zurück nach Russland nahm. In der Schweiz hatten die Debatten, die sie mit Mitgliedern der Deutschen Sozialdemokratischen Partei führte, sie veranlasst, ihre ökonomischen Studien durch weitere Lektüre von Marx und Engels zu vertiefen. Der Grundstein war gelegt, Kollontai wollte sich auch zu Hause politisch engagieren. 1899 kehrte sie nach Russland zurück und schloss sich im Alter von 27 Jahren der Sozialdemokratischen Arbeiterpartei Russlands (SDAPR) an.

Die Zustände in ihrer Heimat hatten sich auch während der kurzen Zeit ihres Studiums nicht verbessert. Im Gegenteil, sie waren schlimmer geworden. Die Arbeiter gingen bei Massenstreiks auf die Straße, es gab ab 1901 erste Aufstände gegen den Zaren. Dieser ließ die Polizei mit größter Härte gegen die Aufständischen vorgehen. Spitzel sollten die Arbeiterorganisationen unterwandern, um ein gemeinsames Vorgehen der Ausgebeuteten zu verhindern.

Was nun zu tun sei, darüber gingen die Meinungen in der SDAPR auseinander. Eine Fraktion sprach sich für eine lockere Organisation aus, die die Nähe zu den liberalen Kräften innerhalb des russischen Staates suchen sollte. Der andere Flügel, deren Wortführer Wladimir Iljitsch Uljanow, genannt Lenin, war, sprach sich für eine straffe Organisation der Partei aus, die im Untergrund die revolutionären Kräfte des Landes sammeln und eng mit den Arbeitern zusammenarbeiten sollte.

Ab 1903 spaltete sich die Partei in Menschewiki (»die Minderheit«, die für die Zusammenarbeit mit den liberalen Kräften war) und die Bolschewiki (»die Mehrheit« unter Lenin, die für die Organisation der Revolution in Zusammenarbeit mit den streikenden Arbeitern war).

Kollontai schloss sich zunächst keinem Flügel an. Sie hielt weiter Vorträge, trat als Rednerin auf Veranstaltungen auf und arbeitete dabei mal mit den einen, mal mit den anderen zusammen, bis der Moment kam, in dem sie sich festlegen musste. Im Februar 1904 rief der Zar den Krieg gegen das Kaiserreich Japan aus. Die Menschewiki unterstützten den Krieg. Für Kollontai war dies der Punkt, an dem sie deren Politik nicht mehr mittragen wollte. Krieg, das erkannte sie schnell, verschlechterte nur weiter die Bedingungen, unter denen die Arbeiter und Ärmsten der Gesellschaft ihr Leben bestreiten mussten. Den Zaren im Kriegsstreben zu unterstützen, kam für sie nicht infrage. Kollontai schloss sich den Bolschewiken an.

Immer mehr Menschen verarmten. Der Krieg forderte Tribut, Lebensmittel waren knapp. Bäuerinnen zogen in die

Städte, in der Hoffnung auf Arbeit und Essen. Fabrikarbeiter begannen gegen die Arbeitsbedingungen zu streiken. Im Januar 1905 eskalierte die Situation in Sankt Petersburg. Um den Priester Georgi Apollonowitsch Gapon versammelten sich Tausende Demonstranten und zogen mit ihm zum Winterpalais des Zaren.

»Vom Nordufer steigen die Marschierer auf das Eis der Newa hinab. Zehntausende Arbeiter mit ihren Familien, zitternd in abgetragenen Kleidern, beginnen zu stapfen. Sie halten Ikonen und Kreuze. Sie singen Hymnen. An ihrer Spitze Pater Gapon in seinen Gewändern, der eine Bitte an den Zaren überbringt. ›Herr‹, flehen sie, in exquisiter Kombination aus Schleimerei und Radikalität. Sie flehen den ›kleinen Vater‹ Nikolaus an, Wahrheit und Schutz vor den ›kapitalistischen Ausbeutern‹ zu gewähren.«[32]

So beschreibt der englische Autor China Miéville die Demonstration in seiner Geschichte der Russischen Revolution *October – The Story of the Russian Revolution*.

Auch Alexandra Kollontai marschierte mit den Demonstranten durch den Schnee. Zar Nikolaus II. aber gewährte weder Wahrheit noch Schutz, sondern er ließ die Demonstranten von Hunderten Reitern der Armee niederschießen. Die Aufzeichnungen, die Kollontai von diesem Sonntag hinterlässt, zeugen von Entsetzen: »Das Bild des grausamen Blutbades, das unter den wehrlosen Arbeitern angerichtet wurde, hat sich mir für immer ins Gedächtnis eingeprägt: das ungewöhnlich helle Licht der Januarsonne … Gesichter voller Vertrauen und Erwartung … das schicksalhafte

Signal der rings um den Palast angetretenen Truppen … Blutlachen im weißen Schnee … das Gejohle der Gendarmen … Tote, Verletzte, erschossene Kinder …«[33]

Die Leichen von mehr als 1000 Arbeitern, Frauen und Kindern lagen in ihrem Blut vor dem Winterpalais auf dem Eis der gefrorenen Newa. Der 9. Januar 1905 ging als Petersburger Blutsonntag in Russlands Geschichte ein. Für Kollontai stand danach fest, dass ein Kompromiss mit dem Zaren unmöglich war.

Der Widerstand der Arbeiter war lang nicht gebrochen. Sie organisierten sich weiter, begannen eigene Räte zu wählen, die »Sowjets«. Da sich Kollontai im engen Kontakt mit Arbeiterinnen befand, die nun der Arbeiterbewegung beitraten, um ihre Forderungen nach Schwangerschaftsvorsorge und Mutterschutz umzusetzen, wurde auch sie zusammen mit 90 anderen, darunter Leo Trotzki, in den Petersburger Sowjet gewählt. Kollontai engagierte sich dort vor allem weiter für die Rechte der Arbeiterinnen.

ENDLICH (FINANZIELL) UNABHÄNGIG

Obwohl sich die politische Situation infolge des Petersburger Blutsonntags ab 1905 zuspitzte, erlebte Kollontai im Privatleben jene Jahre als persönliche Befreiung. Oder besser gesagt: Sie schaffte es, aus Schicksalsschlägen das Beste zu machen. Bereits 1899 war ihre Mutter gestorben, 1902 verlor sie auch den Vater. So schmerzlich der Tod der Eltern war, für Kollontai bedeutete das auch das Ende des Konflikts mit ihnen um die Gestaltung ihres Lebens. Zudem dürfte ihr, als einzigem Kind aus dieser Ehe, das Erbe oder der Erbteil (hierüber lassen sich aus den zugänglichen Quellen keine genauen Angaben finden) einige Erleichterung gebracht haben, um ihre privaten und beruflichen Pläne umzusetzen.

Die Trennung von ihrem Ehemann Wladimir Kollontai hatte sie bereits mit dem Weggang zum Studium nach Zürich besiegelt. »Ich musste mit dem Manne meiner Wahl brechen, sonst hätte ich mich der Gefahr ausgesetzt, mein eigenes Ich zu verlieren«[34], schrieb sie im Rückblick auf jenen Moment in ihrer Autobiografie. Ihr erging es ähnlich wie jenen bürgerlichen Frauen, deren Situation Simone de Beauvoir so scharfsichtig zusammenfasste: »Das Bürgertum hat in den letzten Jahren einen epischen Stil erfunden: Die Routine wird zum Abenteuer erklärt, die Treue zu einer sublimen Verrücktheit, Langeweile verwandelt sich in Klugheit, und Hassgefühle innerhalb der Familie werden zur tiefsten Form der Liebe. Wenn aber zwei Individuen sich verabscheuen, ohne aufeinander verzichten zu können, ist das in Wirklichkeit nicht die echteste, die rührendste, sondern die erbärmlichste aller menschlichen Beziehungen.«[35]

Dieses »nicht aufeinander verzichten können« bezieht sich natürlich auch und insbesondere auf die finanzielle Lage der Frauen. Wenn die Töchter bürgerlicher Familien verheiratet waren, sollten sie weder arbeiten noch eigenes Vermögen verwalten. Für das Geld war der Mann zuständig;

in den patriarchalen Strukturen von Ehe und Familie hatte er die Macht, über die Mitgift, das Erbe und andere Einnahmen der Ehefrau frei zu verfügen.

Durch die Trennung von Wladimir Kollontai und den Tod ihrer Eltern war Alexandra nun in beiderlei Hinsicht – finanziell und als eigenständiges Individuum – wieder für sich selbst verantwortlich. Sie konnte mit ihrem Erbe verfahren, wie sie wollte, konnte weiterhin ihre Position in der Öffentlichkeit durch Auftritte, Reden sowie wissenschaftliche und politische Schriften stärken (ohne dass ihr Mann sich einmischen konnte). Sie übernahm dabei aber auch ganz selbstverständlich die Verantwortung für ihre Taten und während der Ehe getroffenen Entscheidungen. Konkret hieß das: Sie zog den gemeinsamen Sohn von nun an allein auf.

Aus den Erfahrungen, die sie als alleinerziehende Mutter, als Frau ohne Ehemann, machte, zog Kollontai Schlüsse für ihre späteren Thesen zur Gleichberechtigung von Männern und Frauen. Ihr wurde schmerzlich bewusst, dass sie sich zwar gegen den Willen ihrer Familie stellen konnte, indem sie aus Liebe und nicht aus finanziellem Interesse heiratet, dass dies jedoch noch lange nicht bedeutete, dass sie ein selbstbestimmtes Leben würde führen können. Und sie erkannte, dass es allen Frauen so erging, egal ob sie wie sie selbst aus der gebildeten, bürgerlichen Klasse stammten oder als Arbeiterinnen in den neu entstehenden Fabriken ihren Lebensunterhalt verdienen mussten: »Das bürgerliche Recht geht vielmehr davon aus, dass die Frau nach wie vor unselbstständig ist und ihre Interessen am besten vom Ehemann – dem ›Versorger‹ – gewahrt werden«[36], wird Kollontai Anfang der 1920er-Jahre das in ihren Vorlesungen vor Studentinnen in Moskau resümieren.

Wollte man also als eigenständige Person wahrgenommen werden, die ihre Interessen auch gegenüber dem Staat vertrat, musste sich etwas an den bestehenden gesellschaftlichen Strukturen ändern. Und es sollte, hier unterschied sich Kollontai recht bald immer deutlicher von den bürgerlichen Frauenrechtlerinnen, nicht einfach nur mit der Forderung nach Gleichberechtigung durch das Wahlrecht getan sein. Den Kampf für die Gleichberechtigung der Frau, konkret hier: für ein Wahlrecht und den uneingeschränkten Zugang zu den Bildungseinrichtungen, führten in Russland, wie auch in den meisten europäischen Ländern, zunächst die bürgerlichen Frauen. Für Kollontai aber war die Frauenfrage untrennbar mit der Klassenfrage verbunden. Solange Arbeiterinnen weiter benachteiligt waren, konnte man ihrer Meinung nach nicht von einer Gleichberechtigung der Frauen in der Gesellschaft reden.

Ihre Ideen, die sich aus den eigenen Erfahrungen und dem Wunsch nach der uneingeschränkten Gestaltungshoheit über ihr Leben speisten, gingen dabei weit über die der bürgerlichen Feministinnen hinaus. Sie wollte gleiche Rechte nicht nur für sich und die Frauen ihrer Klasse erkämpfen, sondern dachte in weit größeren gesellschaftlichen Dimensionen.

DAS FRAUENWAHLRECHT IST NICHT GENUG

Nach dem Petersburger Blutsonntag und der gescheiterten Revolution gegen den Zaren verschärfte sich die Situation. Die Geheimpolizei ging stärker gegen politische Gegner des Zaren vor. 1907 floh Lenin aus Russland, ging zunächst nach Finnland und dann in die Schweiz, um dort im Exil zu leben.

Kollontai hingegen blieb zunächst in Russland, hielt weiter Reden und blieb auch sonst politisch aktiv, war sie doch bereits als Autorin sozialer und wirtschaftlicher Schriften etabliert. Seit ihrem ersten Artikel 1898 in der Monatsschrift »Obrasowanije«, in dem sie sich mit Pädagogik und dem Einfluss des Milieus auf das Kind beschäftigte[37], veröffentlichte sie zahlreiche Texte über soziale und politische Themen. 1903 erschien ihre erste wissenschaftliche Arbeit, das Buch *Das Leben der finnischen Arbeiter*, eine Studie über die Arbeitsverhältnisse des Proletariats in Finnland. Ihr folgte drei Jahre darauf ebenfalls als Buch die Artikelsammlung *Finnland und der Sozialismus*[38] Seit ihrem Studium strebte Kollontai in die Öffentlichkeit, war mittlerweile eine beliebte und etablierte Rednerin und nutzte nun ihr Ansehen, um ihre Forderungen für die Gleichberechtigung der Frauen innerhalb ihrer Partei umzusetzen.

In ihrer Autobiografie schreibt Kollontai über diese Jahre: »Zu jener Zeit fiel mir zum ersten Male auf, wie wenig sich unsere Partei mit dem Schicksal der Frauen der Arbeiterklasse beschäftigte und wie gering ihr Interesse an der Befreiung der Frau war.«[39] Das wollte sie ändern und machte sich ihre Position als öffentliche Person und Ansprechpartnerin der Fabrikarbeiterinnen zunutze, um die Forderungen der Frauen zu Gehör zu bringen. Denn was ihre Parteigenossen bis dahin übersahen, war die zunehmende Zahl weiblicher Arbeitskräfte in den Fabriken. Frauen arbeiteten für noch weniger Lohn als die Männer, also stellte man sie zunehmend ein, um das Lohnniveau weiter zu drücken. Kollontai verstand, wie man diese Frauen erreichen konnte.

1907 gründete sie den ersten Arbeiterinnen-Klub in Sankt Petersburg, holte vor allem junge Frauen hinzu, ermunterte sie, Verantwortung für den Kampf um Gleichstellung und eigene Rechte zu übernehmen. Im selben Jahr reiste sie nach Stuttgart, um dort an der ersten internationalen sozialistischen Frauenkonferenz teilzunehmen, die von den deutschen Sozialistinnen, darunter die SPD-Funktionärinnen Ottilie Baader und Clara Zetkin, organisiert worden war. Das Frauenwahlrecht war bestimmendes Thema der Konferenz. Die Teilnehmerinnen setzten hier den Impuls, die Forderung danach in allen Programmen der sozialistischen Parteien zu verankern.

Zurück in Russland nahm Kollontai 1908 am Ersten Allrussischen Frauenkongress[40] teil und sorgte dort für Aufruhr. Auch die russische Frauenbewegung ging von Bürgerlichen aus, die sich vor allem um ein Wahlrecht bemühten und sich ansonsten mit den Privilegien ihres Standes zufriedengaben. Kollontai aber hatte sich seit ihren Erfahrungen in der estnischen Textilfabrik weiter radikalisiert. Sie sah das Thema der Gleichberechtigung nicht mehr durch die Brille ihrer Vorrechte als höhere Tochter. Wo sie herkam, mochte es für Frauen einen Sinn ergeben, nur um das Wahlrecht zu bitten, durfte man ja bereits Bildung genießen (sofern die Eltern liberal genug waren, um das zuzulassen) und konnte sich nach der Heirat (die in großen Teilen ebenfalls noch von den Eltern unter Versorgungsüberlegungen arrangiert wurde) dem Müßiggang und ästhetisch anregenden Vergnügungen widmen (sofern der Ehemann das Geld dafür zur Verfügung stellte). Dieses Leben im goldenen Käfig war für Kollontai aber ebenso wenig akzeptabel wie das Leben der Arbeiterinnen, die zwar immerhin ihr eigenes Geld verdienten, für den geringen Lohn jedoch derart ausgebeutet wurden, dass sie keine Zeit für andere Dinge wie Bildung oder kulturelle Genüsse hatten. Da Kollontai beide Seiten kannte, war das Schicksal der Arbeiterinnen für sie genauso untrennbar mit der Frage nach der Emanzipation der Frauen verbunden, die Verbesserung der Arbeitsbedingungen ebenso wichtig wie das Recht, als Bürgerin durch die Teilnahme an Wahlen in politischer Hinsicht mündig zu sein.

Ihr politischer Kurs war für jene Zeit so radikal, dass die bürgerlichen Frauenrechtlerinnen Kollontais Ansichten schlicht ablehnten. Kollontai selbst zog die Abgrenzung so scharf, dass sie es wohl als Beleidigung gesehen hätte, wenn man sie als Feministin bezeichnete, war dieser Begriff doch mit den bürgerlichen Suffragetten verbunden. Der Graben zwischen den bürgerlichen Frauenrechtlerinnen und den Interessenvertreterinnen der Arbeiterinnen war so tief, dass sich die bürgerlichen Organisatorinnen des Frauenkongresses in Petersburg 1908 darum bemühten, Kollontai und die Arbeiterinnen mit den sozialistischen Forderungen von der Konferenz auszuschließen. Selbst die Polizei wurde gerufen, um Arbeiterinnen aus dem Saal zu entfernen. Dennoch gelang es Kollontai immerhin, mit 45 Frauen ihrer Gruppe unter den mehr als 700 teilnehmenden bürgerlichen Feministinnen einen Platz zu finden. Das war für sie kein einfaches Unterfangen, denn aufgrund ihrer politischen Tätigkeit hatte die Geheimpolizei auch sie bereits im Visier.

Trotzdem trat Kollontai vor den Kongress und richtete das Wort an die Anwesenden. Als sie sprach, machte sie schnell klar, dass es nicht um ein weiteres Recht für Frauen ging, sondern um die fundamentale Frage, wie Arbeiterinnen unter den herrschenden Bedingungen überhaupt Brot auf den Tisch bringen könnten. Die Antwort, die Kollontai gab, war so einfach wie radikal: Das sei nicht möglich, solange die soziale Ordnung nicht einer grundlegenden Transformation unterworfen werde. Dieser offene Aufruf zur Revolution blieb nicht ohne Folgen. Kollontai verließ nach der Rede rasch den Saal und entging so nur knapp einer Verhaftung.[41]

Am nächsten Tag schmuggelte sie sich mit ihrem Sohn an Bord eines Zuges, der das Land verließ – die folgenden acht Jahre sollte sie im Exil verbringen und dabei durch Deutschland, Frankreich, Belgien, Italien, Dänemark, Norwegen, die

Schweiz und Großbritannien reisen. Natürlich war sie währenddessen nicht untätig, sondern knüpfte weiter Kontakte, traf sich mit Sozialistinnen und den Vorkämpferinnen der Frauenbewegung. Mehr als vier Monate war sie in den USA unterwegs, um dort über Frauenrechte und Pazifismus zu sprechen, denn die Welt war dabei, auf den bislang größten und verheerendsten Krieg der Geschichte zuzusteuern.

»Je rosiger also die Zukunftsaussichten für den Kapitalismus waren, desto unerträglicher wurde das Leben für die Frauen.«

Alexandra Kollontai
Die Frauenarbeit in der Entwicklungsperiode der kapitalistischen Großindustrie

KRIEGSGEGNERIN AUS PRINZIP

DAS EIGENE ICH NICHT VERLIEREN

Nach ihrer Flucht aus Russland verbrachte Kollontai fast neun Jahre mit wechselnden Wohnsitzen im Ausland. 1910 führte sie die Zweite Internationale Sozialistische Frauenkonferenz nach Kopenhagen. Dort traf sie die deutsche Frauenrechtlerin Clara Zetkin wieder, mit der sie sich schnell über gemeinsame Ziele einig gewesen sein dürfte.

Zetkin hatte bereits 1889 in ihrer ersten großen öffentlichen Rede gefordert: »Das Stimmrecht ohne ökonomische Freiheit ist nicht mehr und nicht weniger als ein Wechsel, der keinen Kurs hat.«[42] Auf dem Kopenhagener Kongress 1910 sprachen die Teilnehmerinnen nun über die politischen Forderungen der Frauenbewegung, die auch den Schutz von Müttern und Kindern umfassen sollten. Ihnen ging es um staatlich geförderten, bezahlten Schwangerschaftsschutz vor und nach der Geburt und das Verbot von Kinderarbeit. Kollontai hörte zu, nahm auf, diskutierte und lernte für später. Viele dieser Forderungen wird sie wenige Jahre darauf in Russland nach der Oktoberrevolution in Gesetze gießen und aus den Anregungen neue, moderne Vorschriften formen, die weit über ihr Heimatland hinaus die Frauenrechte prägen sollten. Ghodsee schreibt über die Umsetzung der Forderungen jener Konferenz: »Diese öffentliche Bereitstellung von Unterstützung für die Care-Arbeit von Frauen wurde schließlich zu einem Markenzeichen progressiver Gesellschaften weltweit, inklusive vieler postkolonialer Länder des globalen Südens, die einen sozialistischen Pfad der Entwicklung einschlugen.«[43]

Die größte Forderung des Frauenkongresses war noch immer das Frauenwahlrecht, das im Jahr 1910 bislang allein in Australien (hier jedoch nur weißen Frauen vorbehalten) und Finnland galt. Clara Zetkin initiierte auf dem Kongress den Ersten Internationalen Frauentag, er sollte mit weltweiten Märschen am 19. März des Folgejahres 1911 stattfinden, um der Forderung nach dem Stimmrecht für alle Frauen weltweit Gehör zu verschaffen.

Inmitten dieser politischen Kämpfe drängte sich das Private in Kollontais Leben. 1911 lernte sie in Paris den ebenfalls im Exil lebenden Alexander Schljapnikow kennen.[44] Der Metallarbeiter aus der russischen Provinz war 13 Jahre jünger als die mittlerweile 39 Jahre alte Kollontai. Doch der Altersunterschied scherte sie ebenso wenig wie die Meinung der Gesellschaft zu dieser Beziehung. Ob im Scherz oder Ernst soll sie von manchen als Schljapnikows »Ehefrau« bezeichnet worden sein, doch eine zweite Heirat lag ihr fern.

Kollontai und Schljapnikow verbanden ähnliche politische Interessen und Einstellungen, gemeinsam arbeiteten sie mit Kurieren daran, Nachrichten und Schriften über Skandinavien nach Russland zu schmuggeln. Die Beziehung hielt fünf Jahre und ging nach dem Ende der romantischen Gefühle in eine Freundschaft über, die jahrelang hielt, weil beide die gleichen politischen Ziele verfolgten.

In ihrer Autobiografie unterstreicht Alexandra Kollontai, dass ihre Männer und Affären nie etwas an ihrer politischen Meinung änderten: »Es muss auch gesagt werden, dass kein einziger Mann, der mir nahegestanden, einen richtungsgebenden Einfluss auf meine Neigungen, Bestrebungen oder auf meine Weltanschauung gehabt hat.«[45] Was sie vertrat und wofür sie kämpfte, hatte sie sich allein durch Recherchen, Studium und Kontakte erarbeitet.

Das Beispiel dieser Affäre beweist jedoch Kollontais Glauben an die Liebe. Auch nachdem ihre erste Ehe an den politischen und weltanschaulichen Differenzen gescheitert war, ließ sie nicht zu, darüber zu verbittern. Sie behielt die Fähigkeit, ihr Herz für neue Menschen zu öffnen, stürzte sich immer wieder in Liebesbeziehungen und schaffte es doch, sich bei allem Gefühlsüberschwang niemals von dem abbringen zu lassen, was ihr wichtig war: ihr politischer Kampf.

Bei vielen ihrer Partnerschaften verursachte das für Kollontai die gleichen Probleme, die auch heute noch viele junge berufstätige Frauen beklagen: Die Männer konnten nur selten damit umgehen, dass ihr die (politische) Arbeit nicht weniger am Herzen lag als die Beziehung. Manches

Mal seufzte Kollontai erleichtert auf, wenn Schljapnikow nach einem längeren Besuch wieder abreiste. Konnte sie sich doch nun endlich wieder ganz ihrer Arbeit widmen. In ihren Memoiren erinnert sie sich: »[…] die Liebe zum Manne konnte noch so groß sein – sobald sie in Bezug auf meine frauliche Opferwilligkeit eine gewisse Grenze überschritt, brach die Auflehnung in mir von Neuem hervor. Ich musste fort, musste mit dem Manne meiner Wahl brechen, sonst (das war ein unterbewusstes Gefühl in mir) hätte ich mich der Gefahr ausgesetzt, mein eigenes Ich zu verlieren.«[46]

Statt sich zu verlieren, gewann Kollontai mit jeder Beziehung, die sie nach ihren eigenen Maßstäben führte, mehr Freiheit und Kraft zur Selbstbestimmung. Das Private kam in ihrem Leben zwar an zweiter Stelle hinter der Politik, doch ihre Erfahrungen spielten für ihre radikalen Ideen, mit denen sie wenige Jahre darauf das Leben der Frauen in Russland ändern sollte, eine große Rolle. Wie Liebe und Beziehungen für die moderne (sozialistische) Frau aussehen könnten, entwickelte sie aus ihren eigenen Erlebnissen, registrierte bei zahlreichen ihrer Partnerschaften, welche Dynamiken die Beziehung beeinflussten, und zog daraus Schlüsse darüber, wie man sich von überkommenen Vorstellungen und Verhaltensweisen befreien könnte.

Das Exil bescherte ihr nicht nur im Privaten neue Erkenntnisse, es brachte sie auch mit den Freiheiten und Ideen der europäischen und amerikanischen Metropolen in Kontakt, die sie mit den Jahren bereiste. Überall brodelte es, überall diskutierte man gesellschaftliche Missstände. Im Februar und März 1911 hält Kollontai an der Parteischule der Menschewiki im italienischen Bologna Vorlesungen, in denen sie ihre Gedanken zu den sozialen Problemen Finnlands ebenso darlegt wie ihre Ideen zur Entwicklung der Familien. Im Frühjahr desselben Jahres siedelt sie nach Paris über und arbeitet dort an ihrem Buch »Durch das Europa der Arbeiter«, das 1912 im von Maxim Gorki geleiteten Verlag »Snanije« in Sankt Petersburg erscheint. Sie arbeitet außerdem in der Französischen Sozialistischen Partei mit, fährt im August 1911 nach Südfrankreich und hilft dort Arbeiterinnen und Hausfrauen, einen Streik gegen die Preissteigerungen zu organisieren. Wenige Monate darauf, im Februar und März 1912, lädt die Sozialistische Partei Belgiens sie zu Vorträgen ein. In der wallonischen Steinkohleregion Borinage unterstützt sie Bergarbeiter dabei, einen Streik vorzubereiten, der sechs Wochen dauern wird. Neunzehn Mal hielt Kollontai währenddessen vor Versammlungen der Kumpel Reden.[47]

Sie pflegte ihre Kontakte zu Rosa Luxemburg und Clara Zetkin, half beim Organisieren von Frauentagsmärschen, sprach auf Kongressen in der Schweiz über die Frauenfrage und reiste immer wieder zu Auftritten durch Deutschland. In Berlin lernt sie den Sexualwissenschaftler Magnus Hirschfeld kennen. Die Stadt war kurz vor dem Ausbruch des Ersten Weltkriegs 1914 noch von der steifen Mentalität des späten Kaiserreichs geprägt, die künstlerische und gesellschaftliche Avantgarde aber diskutierte bereits die Ideen der Moderne, die zu Beginn der 1920er-Jahre überall in der Stadt zu finden sein sollten.

MAGNUS HIRSCHFELD – »DER EINSTEIN DES SEX«

Der einer jüdischen Familie entstammende Arzt Magnus Hirschfeld hatte kurz vor der Jahrhundertwende eine Wohnung im Berliner Stadtteil Charlottenburg bezogen. Von hier aus startete er bereits 1897 die weltweit erste Bewegung für die Rechte Homosexueller.[48] Das erste Ziel des von Hirschfeld initiierten »Wissenschaftlich-humanitären Komitees« (WhK) war es, den Paragrafen 175 des deutschen Strafgesetzbuches (StGB) abzuschaffen, der Homosexualität unter Strafe stellte. Bereits im Gründungsjahr des WhK verfasste der Arzt eine Petition zur Streichung des Paragrafen.[49] Namhafte Wissenschaftler und Künstler wie der Physiker Max Planck, die Malerin Käthe Kollwitz oder der Schriftsteller Thomas Mann unterzeichneten das Schreiben.[50] Der SPD-Vorsitzende August Bebel verteidigte sie ein Jahr später im Reichstag. Doch zur Abschaffung des Paragrafen kam es nicht. Hirschfeld ließ sich dennoch nicht beirren, sein Kampf für Gleichberechtigung hatte gerade erst begonnen. Er führte wissenschaftliche Studien zur Sexualität durch. 1919 mündeten seine Bemühungen in der Gründung des Instituts für Sexualwissenschaft in Berlin.[51]

Das private Institut bot Aufklärungsstunden, in denen sich

die breite Masse der Bevölkerung sowohl über Sexualität, Verhütung, Geschlechtskrankheiten, aber auch Homosexualität informieren konnte, und behandelte Sexualstörungen. Seine Mitarbeiter hielten Vorträge in Berliner Volkshochschulen und anderen Bildungseinrichtungen. Doch Hirschfelds Institut empfing nicht nur Berliner, auch Touristen und Intellektuelle aus aller Welt – darunter die Autoren Anita Loos, André Gide und Christopher Isherwood, den Regisseur Sergej Eisenstein oder den Komponisten George Gershwin.[52] Hirschfeld gab zahlreiche Bücher zur sexuellen Aufklärung heraus. Seine Mitarbeiter klärten in ihren Schriften nicht nur über sexuelle Störungen und Biologisches auf, sie propagierten auch eine tolerantere Gesellschaft, die statt für Lustfeindlichkeit lieber für soziale Absicherung sorgen sollte.

So schrieb etwa ein Mitarbeiter, der Mediziner und Ärztliche Leiter des Gesundheitsamts Berlin-Reinickendorf, Max Hodann in seinem Band *Sexualelend und Sexualberatung* 1928 zur Forderung nach öffentlicher Aufklärung und kostenfreien Verhütungsmitteln: »Kein Staat hat das Recht, Geburten zu verlangen, sofern nicht Existenzmöglichkeiten für Mutter und Kind gesichert sind. Jeder Mensch hat andererseits das Recht auf ein gesundes Liebesleben, trotz aller Mucker, die aus der eigenen erotischen Unbegabtheit eine Tugend und somit ein Lustverbot für die anderen machen wollen.«[53] Diese Haltung vertrat auch Kollontai in ihren Schriften zur Sexualität.

Hirschfeld, den Magazine der amerikanischen Hearst-Zeitungsgruppe schon zu Lebzeiten als »Einstein des Sex«

bezeichneten (ein Titel, den der Regisseur Rosa von Praunheim 1999 auch für sein Biopic über den Sexualwissenschaftler verwendete), initiierte schließlich gegen Ende der 1920er-Jahre die »Weltliga für Sexualreform«. Sie trat für eine Sexualmoral ein, die auf wissenschaftlichen Erkenntnissen beruhte, also deutlich liberaler war als die prüden Regeln, die noch immer stark von kirchlichen Moralvorstellungen geprägt und in weiten Teilen Europas gesetzlich verankert waren. Auch Alexandra Kollontai war Mitglied der Liga. Wann genau sie den ersten Kontakt zu Hirschfeld hatte, lässt sich schwer rekonstruieren. Dass sich diese beiden außergewöhnlichen Persönlichkeiten gegenseitig im Denken in Bezug auf Sexualität beeinflusst haben, ist wahrscheinlich, teilten sie doch den Drang, ihre Leben nicht von engstirnigen Moralvorstellungen bestimmen zu lassen, sondern diese aktiv zu ändern.

Hirschfeld selbst lebte seit Beginn der Zwanzigerjahre mit seinem Partner Karl Giese zusammen. Bereits 1919 beriet er den Regisseur Richard Oswald zum Film *Anders als die Andern*, der »zum ersten Mal das Thema Homosexualität auf seriöse Weise darstellte«, wie der Kunsthistoriker Rainer Metzger einordnet.[54] Die Geschichte erzählt von einem homosexuellen Musiker, der sich in einen Studenten verliebt und von einer ehemaligen Affäre erpresst wird. Zunächst geht es um Geld, dann um eine Anzeige wegen Verstoßes gegen §175, der sexuelle Handlungen zwischen Männern unter Strafe stellte.

Conrad Veidt (der ein Jahr später mit dem Klassiker des expressionistischen Kinos, *Das Kabinett des Dr. Caligari*, berühmt wurde) und das berühmte Berliner Flapper-Girl Anita Berber spielten die Hauptrollen. Magnus Hirschfeld war nicht nur Berater des Films, er spielte sich darin auch selbst und hielt ein flammendes Plädoyer für die Legalisierung der Homosexualität. *Anders als die Andern* löste einen Skandal aus. Dass der Film nicht der Zensur zum Opfer fiel, verdankte er dem glücklichen Umstand, dass die junge Weimarer Republik die Zensur komplett abgeschafft hatte. Die vierzig Kopien des Films kursierten ein Jahr lang, dann wurde er mit der Wiedereinführung der Filmzensur umgehend verboten.

GLEICHE RECHTE FÜR HOMOSEXUELLE

Obwohl der Kampf um sexuelle Gleichberechtigung in Berlin begann, fand der erste Umbruch dahingehend knapp 1500 Kilometer weiter östlich statt, in Sankt Petersburg. Auch im Zarenreich stand »Sodomie« (wie man Homosexualität offiziell beschimpfte, unter Bezugnahme auf die biblische Geschichte von der Stadt Sodom, in der solche Leidenschaften vorkamen) unter Strafe, auch wenn es zu Beginn des 20. Jahrhunderts keine strenge Verfolgung mehr gab. Vielmehr kursierten bereits kurz nach der Jahrhundertwende zahlreiche russische Übersetzungen über die neuen Erkenntnisse der Sexualwissenschaft zur Homosexualität, darunter auch die Werke Magnus Hirschfelds. Der adlige Schriftsteller Michail Alexejewitsch Kusmin veröffentlichte 1906 in Russland seinen Roman *Flügel*, der eine gleichgeschlechtliche Liebesgeschichte zwischen Männern mit positivem Ausgang darstellte.

Als die bolschewistische Revolution 1917 das Strafgesetzbuch des Zaren abschaffte, fielen auch die Paragrafen zur Verfolgung Homosexueller. Vier Jahre später führte der neugegründete Staat der Sowjetunion ein neues Strafgesetzbuch ein, in dem sich kein entsprechender Paragraf mehr fand. Die Sprache der Gesetzgebung war jetzt wissenschaftlich-nüchtern, um sich von den von der Kirche geprägten Moralvorstellungen zu distanzieren. Damit war dieser junge Staat, der so radikal mit allem Vorhergewesenen brach, der westlichen Welt um Jahrzehnte voraus, aber auch die späteren sozialistischen Staaten brauchten eine Weile, um sich zu dieser Vernunft zu entschließen. Erst 1968 sollte Homosexualität etwa in der DDR legalisiert werden, 1973 zog die Bundesrepublik nach und stellte Homosexualität unter Männern ab 18 Jahren nicht mehr unter Strafe. Der § 175 wurde erst 1994 im Zuge der Wiedervereinigung endgültig abgeschafft.[55]

Bei den Konferenzen der von Magnus Hirschfeld gegründeten Weltliga für Sexualreform in den späten 1920er-Jahren war auch Alexandra Kollontai anwesend, damals bereits als Sexualreformerin und Vertreterin der Sowjetunion. Wie der Historiker Dan Healey in seinem Buch *Homosexual Desire in Revolutionary Russia* [dt. Homosexuelles Begehren im revolutionären Russland] schreibt, vermittelte die Anwesenheit Kollontais als »wichtigste Sprecherin der bolschewistischen Partei in sexuellen Fragen«[56] den Anschein der offiziellen sowjetischen Unterstützung für die emanzipatorische Sache. Auch wenn sich Kollontai in ihren Texten zum Thema Homosexualität zurückhält, sprechen ihre Kontakte zu Hirschfeld und der Weltliga für Sexualreform für sich. Und selbst in Kollontais offen publizierten Schriften, so argumentiert Healey, finden sich Hinweise auf Möglichkeiten, die über die Heterosexualität hinausgehen. So schreibt Kollontai etwa in *Geschlechterbeziehungen und Klassenkampf*: »Eine solche Buntheit der ehelichen Beziehungen, wie sie heute besteht, hat die Geschichte noch nicht gekannt: die unlösliche Ehe mit der Familiengründung und daneben die vorübergehende freie Verbindung, geheime Ehe und offenes Zusammenleben des Mädchens mit ihrem Liebhaber, die wilde Ehe, die Ehe zu zweien und zu dreien und selbst die komplizierte Form der Ehe zu vieren …«[57]

GEGEN DEN KRIEGSWAHNSINN

Bevor Kollontai jedoch beginnen konnte, die Sexualreform in Russland umzusetzen, musste sich dort erst die gesellschaftliche und politische Atmosphäre ändern. Noch, wir erinnern uns, war Kollontai im Exil und in Europa nahm die Kriegsbereitschaft zu. Kollontai erlebte den Kriegsbeginn in Berlin. In ihr Tagebuch schreibt sie am 1. August 1914 mit Ortsangabe »Grunewald«: »Es ist Nacht, die erste Nacht des unabwendbaren Ereignisses – der ›Kriegserklärung‹. Der Krieg ist erklärt. Ein Tag, angefüllt mit einer Menge Erlebnissen. An Schlaf ist da nicht zu denken. Morgens, als wir aus München kamen, sträubte sich Berlin noch aus Leibeskräften gegen den Krieg, protestierte es im Innersten, hoffte es. Mit jeder Stunde wurde die Hoffnung schwächer. Gegen Abend, mit Einbruch der Dämmerung, brach plötzlich hysterischer Patriotismus aus.«[58]

Dieser Haltung steht sie skeptisch gegenüber, lässt sich von der Kriegshysterie nicht mitreißen, bleibt bei ihren Grundsätzen. Sie stand damit in einer Linie mit den deutschen Sozialisten Karl Liebknecht und Rosa Luxemburg, die sich öffentlich gegen eine Beteiligung am Krieg aussprachen. Kollontai hatte seit Beginn ihres Exils 1908 nicht nur für verschiedene deutsche Zeitungen geschrieben, darunter Karl Kautskys *Neue Zeit* und Clara Zetkins *Die Gleichheit,* sie war auch Mitglied der deutschen sozialdemokratischen Partei geworden und unterstützte die SPD bei ihren Wahlkämpfen.[59] Die Zustimmung der SPD zu den Kriegskrediten aber konnte sie nicht mittragen, es war ihr Bruch mit den Sozialdemokraten. Am 3. August 1914[60] wurde sie als »feindliche Ausländerin« interniert. Es ist dem Rechtsanwalt und Reichstagsabgeordneten Karl Liebknecht zu verdanken, dass Kollontai Deutschland in ein neutrales Land ihrer Wahl verlassen konnte und nicht nach Russland abgeschoben wurde. Sie wählte Dänemark.

Während sie sich in Skandinavien aufhielt, führte sie ihre politische Tätigkeit weiter. Sie äußerte sich weiterhin öffentlich gegen den Krieg, was ihr immer wieder Schwierigkeiten einbrachte. In ihrer Autobiografie erinnert sich Kollontai, wie sie in Schweden deswegen festgenommen wurde: »Aus dem Kungsholmgefängnis wurde ich später nach dem Gefängnis in Malmö deportiert und dann nach Dänemark ausgewiesen. Soviel mir bekannt ist, war ich die erste von den Sozialisten Europas, die wegen Antikriegspropaganda ins Gefängnis kam.«[61]

1915 luden die amerikanischen Sozialisten Kollontai zu einer Vortragsreise in die USA ein. Ihr viermonatiges Programm war enorm: New York, Chicago, Seattle, Minneapolis, San Francisco, Louisville, insgesamt 81 Städte, in denen sie 123 Vorträge hielt.[62] Sie drehten sich um Frauenrechte, aber auch um die aktuelle politische Situation. Auf Plakaten wurde sie als »One of the World's Greatest Peace Advocates«, also eine der weltweit berühmtesten Friedensbefürworterinnen, angepriesen. Bei einer Rede in Chicago fand sie ähnliche Worte wie zuvor in Europa. Sie rief die Jugend der Arbeiterklasse dazu auf, sich nicht von der Kriegspropaganda einlullen zu lassen, die am Ende nur ihrer Ausbeutung dienen und ihre Kräfte zerstreuen würde, statt sie im Kampf gegen die Arbeitsbedingungen zu bündeln.[63]

Mit ihren pazifistischen Ansichten stand Kollontai zwar oftmals allein, musste aber schon bald feststellen, dass die Mutigsten es ihr gleichtaten. Zurück in Europa erhielt sie Nachricht, dass sowohl Lenin wie Trotzki sich gegen den Krieg positioniert hatten. Ab da fühlte sie sich weniger isoliert. Mit Lenin, der im Exil in der Schweiz lebte, hatte sie eine lebhafte Korrespondenz begonnen, war zeitweilig seine Verbindung nach Russland, woher sie noch immer Schriften und Nachrichten erhielt.

Als Kollontai im Jahr 1917[64] eine zweite Vortragsreise in die USA und Kanada antrat, wurde sie von den Nachrichten über die neuen politischen Veränderungen in ihrer Heimat überrascht. Die Februarrevolution hatte die Zarenherrschaft beendet. Kollontai brach ihre USA-Reise ab und reiste über Skandinavien nach Sankt Petersburg.

Dort traf sie wenige Wochen vor Lenin ein, der, als für ihn die Zeit günstig schien, ebenfalls 1917[65] aus dem Exil zurückkehrte – er tat das im berühmten plombierten Zug, der ihn durch Deutschland brachte. Kollontai war unter denjenigen, die ihn an der Bahnstation begrüßten.

Zurück in der Heimat hatte sie ihre Arbeit schnell wieder aufgenommen. Kollontai arbeitete als Publizistin, organisierte Treffen, hielt Reden und Vorträge. Selbst vor Auftritten vor Matrosen auf den Schiffen der Baltischen Flotte schreckte sie nicht zurück, obwohl das Betreten der Schiffe Frauen damals untersagt war. Die provisorische Regierung unter Alexander Kerenski, die nach dem Sturz des Zaren an der Macht war, hielt an der Beteiligung am Ersten Weltkrieg fest. Kollontai versammelte die Wäscherinnen von Sankt Petersburg, nun in Petrograd umbenannt, und führte den ersten Streik gegen die neue Regierung an. Die ließ Kollontai noch 1917[66] verhaften. Zwei Monate blieb sie im Gefängnis (»Zelle Nr. 58 … Durch das hoch gelegene, vergitterte Fenster fällt ein Sonnenstrahl, in dem feine Stäubchen tanzen«[67]), bis ihr langjähriger Freund, der Schriftsteller Maxim Gorki, dem sie während seines Exils auf der Insel Capri 1908 einen Entwurf ihres Buches zur Frauenfrage geschickt hatte, bewirkte, dass man sie auf Kaution freiließ.[68] Sie wurde unter Hausarrest gestellt.

Als sich der Machtkampf verschiedener politischer Kräfte zuspitzte, zeigte sich Kollontai trotz ihrer sonst unerbittlichen pazifistischen Haltung kompromissbereit. Sie stimmte für Lenins Vorschlag eines bewaffneten Aufstands gegen die provisorische Regierung. Als die Bolschewiken durch die Oktoberrevolution 1917 die Macht übernahmen, beauftragte Lenin Alexandra Kollontai mit der Leitung des Ministeriums für Soziale Fürsorge. Dieser Vorstoß war völlig neu, denn nie zuvor hatte man einen solchen wichtigen Regierungsposten mit einer Frau besetzt. Damit war Kollontai, die Tochter bürgerlicher Eltern, die zur unermüdlichen Rednerin, Publizistin und Kämpferin für Frauenrechte geworden war, nun in einer Position, in der sie tatsächlich Dinge ändern konnte: Sie war die erste Ministerin der Moderne.

»Das bürgerliche Recht geht vielmehr davon aus, dass die Frau nach wie vor unselbständig ist und ihre Interessen am besten vom Ehemann – dem ›Versorger‹ – gewahrt werden.«

Alexandra Kollontai
Die Bewegung der Feministinnen und die Bedeutung der Arbeiterinnen im Klassenkampf

ERSTE MINISTERIN DER MODERNE

MUTTERSCHUTZ HAT HÖCHSTE PRIORITÄT

Kollontai hatte sich im Exil und nach der Rückkehr in ihre Heimat an die Spitze des postrevolutionären Russlands hochgearbeitet. 1917[69] war sie die erste Frau, die Mitglied des sowjetischen Kabinetts wurde. Das war selbst für revolutionäre Zustände eine revolutionäre Entscheidung: In den meisten europäischen Ländern kämpften Suffragetten noch für die Einführung eines Frauenwahlrechts – nur Finnland (1906), Norwegen (1913) und Dänemark (1915) hatten es bereits zugelassen, in der Weimarer Republik sollten Frauen erst 1919 zum ersten Mal ihre Stimme in einer Wahl abgeben dürfen. In Russland hatte die Revolution gleich mehrere Hürden auf einmal im Hinblick auf die Gleichberechtigung genommen: Frauen erhielten nicht nur das Stimmrecht, sondern mit der Ernennung Kollontais zur »Volkskommissarin für soziale Fürsorge« stieg auch eine Frau bis in die Ministerränge auf, wo sie die größte Möglichkeit der Neugestaltung der Gesellschaft hatte. Die *Encyclopedia of Women's Autobiography* hebt deshalb im Eintrag zu Alexandra Kollontai hervor: »Sie war nicht nur die einzige Frau im Kabinett, sie war auch die erste Frau in der jüngeren Geschichte, die Mitglied einer Regierung wurde.«[70]

Kollontai hatte nur auf solch eine Gelegenheit gewartet. Ihr Beharren auf ihren Standpunkten, ihr mühevoller Kampf gegen alle Widerstände trug endlich Früchte. Sie konnte ihre Ideen für ein völlig neues Zusammenleben von Frauen und Männern ermöglichen, indem sie für die Änderung der rechtlichen Grundlagen sorgte. Doch zunächst einmal galt es, das Ministerium tatsächlich zu übernehmen. In ihren Aufzeichnungen beschreibt sie die Wirren der Revolution: Als sie im Auftrag Lenins Zutritt zum Gebäude ersucht, wird sie vom Pförtner abgewiesen: »Das Ministerium war doch noch in den Händen von Beamten der Provisorischen Regierung. Es war fürwahr eine seltsame Zeit: Die Macht lag schon in den Händen der Sowjets, es gab den bolschewistischen Rat der Volkskommissare, doch die Institutionen rollten wie entgleiste Eisenbahnwagen weiter in Richtung der Politik der Provisorischen Regierung.«[71] Als sie wenige Tage darauf doch Zutritt erhält, beginnt sie als neue Volkskommissarin sofort mit der Neustrukturierung. Ihr obliegt nun die Organisation von Waisen- und Krankenhäusern, Mädchenpensionaten, Heilstätten und der Kriegsinvalidenversorgung.

Besonders mit dem Thema des Mutterschutzes hatte sich Kollontai schon viele Jahre auseinandergesetzt, bevor sie die Machtposition als Ministerin innehatte. In einem 1914 erarbeiteten Artikel mit dem schlichten Titel »Mutterschutz« beschrieb sie die Situation der Mütter: »Die Staatsmacht bemüht sich mit allen Mitteln, die Reformen auf den engen Bereich des unmittelbaren Wöchnerinnenschutzes zu beschränken, und überlässt die Arbeiterin für den Rest ihres Lebens genau den schädlichen Lebensbedingungen und Arbeitsverhältnissen, die eine normale Mutterschaft vollkommen unmöglich machen.«[72]

Als sie Entscheidungsgewalt erlangte, wollte sie als Erstes die Lage der Frauen und Mütter verbessern. Noch während der Revolution war die Idee entstanden, eine eigene Abteilung in der staatlichen Fürsorge für den Mutterschutz einzurichten. Als Mitglied des Zentralkomitees hatte Kollontai 1917[73] inmitten der revolutionären Machtkämpfe eine Arbeiterinnenkonferenz einberufen, die sich vor allem an Industriearbeiterinnen richtete. Mehr als fünfhundert Delegierte aus unterschiedlichen Landesteilen nahmen teil und diskutierten über Maßnahmen zum Schutz der arbeitenden Mütter und ihrer Kinder. Was hier festgehalten wurde, sollte die Grundlage für die neuen Gesetze bilden, die Kollontai nun als Ministerin umsetzte. Dazu holte sie Arbeiterinnen aus den Betrieben in eine eigene Sektion ihres Volkskommissariats, um »alle mit dem Schutz von Mutter und Kind zusammenhängenden Einrichtungen«[74] zu überprüfen. In den ersten Monaten reorganisierten diese Frauen die Einrichtungen.

Am 20. Januar 1918 erließ das Volkskommissariat für staatliche Fürsorge ein Dekret, das »alle Heime, Kliniken und sonstige Institutionen für Geburtshilfe und Gynäkologie«[75] der Abteilung für den Schutz von Mutter und Kind unterstellte. Außerdem regelte es die Geburtshilfe neu: Allen mittellosen Müttern, auch den ärmsten Bäuerinnen und Arbeiterinnen, stand klinische Hilfe in Entbindungsanstalten zu, Ärzte wurden vom Staat entlohnt (um Bevorzugung von reichen Privatpatientinnen zu verhindern) und die Ausbildungszeiten und -inhalte für Hebammen und Geburtshelfer standardisiert.

Und Kollontai ging noch weiter in ihren Reformen: Frauen erhielten Anspruch auf 16 Wochen Mutterschaftsurlaub, für Schwangere wurde ein Kündigungsschutz eingeführt.[76] Dazu gab es ein Stillgeld, das stillende Mütter für neun Monate nach der Geburt des Babys erhielten, außerdem wurde die Auflage erlassen, dass die Arbeitsstätte stillender Mütter nicht mehr als zwei Kilometer vom Wohnort entfernt liegen dürfe.

Nun mag das alles für Frauen im heutigen Deutschland nach einem lang zurückliegenden Problem klingen. Haben wir solche Zustände nicht längst hinter uns gelassen? Wer in Deutschland schwanger ist, hat 14 Wochen Mutterschutzfrist, das heißt: Sechs Wochen vor und acht Wochen nach der Geburt darf die Frau nicht beschäftigt werden und erhält Elterngeld. Dieses wird für zwölf Monate gezahlt, mit der Option auf zwei weitere Monate, wenn der Partner ebenfalls das Kind betreut. Das klingt fortschrittlich, doch wir brauchen gar nicht in weite Ferne zu schweifen und in den Ländern des globalen Südens nach Beispielen für schlechte Mutterschutzregelungen zu suchen. Es genügt ein Blick auf die Gesetze unserer unmittelbaren europäischen Nachbarn: In der Schweiz feierte der Stadtrat Luzerns die Annahme eines dreiwöchigen Mutterschutzurlaubs vor der Geburt, auf den seit Anfang 2022 Mitarbeiterinnen der Stadtverwaltung Anspruch erheben können. Ein Novum für die Schweiz, denn sonst sieht es in dem Land mitten in Europa eher schlecht für berufstätige Schwangere aus. Laut einem Bericht des Schweizer Bundesrates aus dem Jahr 2018 lassen sich 70 Prozent der werdenden Mütter zwei Wochen vor der Geburt krankschreiben.[77]

Kollontai würde darüber wohl den Kopf schütteln. Denn für sie hing das Wohlbefinden der arbeitenden Frauen eng mit dem Gesamtbild zusammen, das sie von einer funktionierenden Gesellschaft hatte. Erst wenn Frauen nicht mehr durch die Biologie beschränkt würden, könnten sie ein selbstbestimmtes Leben führen. Und da die Entwicklung sicherer Verhütungsmethoden wie Pille und Hormonspirale noch in weiter Ferne lag, sollte die Gesellschaft den Frauen so viel Freiheit wie möglich gewähren. Das hieß also, ihnen die Arbeit mit den Kindern so gut wie möglich abnehmen. Kollontai etablierte Krippenplätze und hatte Ideen für Gemeinschaftsküchen und andere Konzepte, in denen der Einzelnen die Hausarbeit in Teilen abgenommen werden sollte. In ihren Vorlesungen vor Arbeiterinnen preist sie das

Konzept kollektiver Wohnformen an: »Gerade für die werktätigen Frauen bedeutet ein Leben in einer Wohngemeinschaft eine ungeheure Erleichterung; die gemeinsame Küche, die zentrale Wäscherei, die gesicherte Versorgung mit Brennholz, heißem Wasser und Elektrizität und die Arbeit von Putzfrauen ersparen ihr zahlreiche Arbeiten.«[78]

REFORM DER EHEGESETZE

Um Frauen mehr Rechte zu geben, rüttelte Kollontai an manchen gesellschaftlichen Konventionen. Auch die Institution der kirchlichen Ehe schaffte sie ab und ersetzte sie durch zivile Zeremonien. Sie entriss damit der orthodoxen Kirche den Zugriff auf die Regeln des Zusammenlebens, die bis dahin von Frauen passive Aufopferung forderten.

Bis heute dürfen in Russland Frauen keine kirchlichen Ämter bekleiden, müssen ihr Haupt beim Betreten der Kirche bedecken (Patriarch Kirill begründete dies mit der ablenkenden Wirkung, die eine schöne Frau mit offenem Haar auf die Gläubigen beim Gottesdienst hätte) und der Zugang zum Altarraum ist ihnen verwehrt.

Doch dabei beließ sie es nicht. Sie liberalisierte das Scheidungsrecht und verankerte die rechtliche Neuerung, dass eheliche und uneheliche Kinder dieselben Rechte bekamen.[79] Darüber hinaus schrieb sie unermüdlich über ihr Ideal davon, wie Menschen in ihren Partnerschaften miteinander umgehen sollten. Die juristischen Grundlagen dafür zu schaffen, war ihrer Auffassung nach nur ein erster Schritt, um ein Umdenken zu erreichen und tatsächliche Beziehungen zu ändern. Wenn die Ehe nicht mehr dem Zweck diente, sich finanziell abzusichern oder den Status einer Familie zu festigen, wenn Frauen also auch nicht mehr als Ware im Handel von Machtpositionen gebraucht werden könnten, wie sähe die Welt dann aus?

DIE EINSAMKEIT DES MODERNEN MENSCHEN

Kollontai fand im postrevolutionären Russland eine größere Freiheit, sich über die Neugestaltung der Gesellschaft Gedanken zu machen. Im Gegensatz etwa zu den ersten weiblichen Abgeordneten des Weimarer Parlaments, die ab 1919 noch auf der Grundlage des Gesetzbuches des Kaiserreichs Kompromisse aushandeln mussten, hatte Kollontai eine weiße Leinwand vor sich.

Ihre Gedanken darüber, wie wir Beziehungen führen könnten und was das mit den herrschenden gesellschaftlichen Verhältnissen zu tun hat, klingen heute (wieder) aktuell: »Wir sind Menschen, die in einer Welt der Eigentumsverhältnisse leben, einer Welt der scharfen Klassengegensätze und zugleich der individualistischen Moral. Wir leben immer noch unter dem schweren Zwang einer unvermeidlichen Einsamkeit der Seele. Wir erleben diese Einsamkeit selbst in Städten voller Lärm und Leute, selbst in der Menge naher Freunde und Menschen, mit denen wir arbeiten. Weil sie einsam sind, neigen die Menschen in raubtierhafter und ungesunder Weise dazu, sich Illusionen darüber zu machen, beim anderen Geschlecht einen Seelengefährten zu finden. Sie sehen den schlauen Eros als die einzige Macht, die das Düster der Einsamkeit, und sei es nur für eine Weile, verscheuchen kann.«[80]

Präzise fasst Kollontai hier ein Lebensgefühl zusammen, das viele (junge) Großstädter noch heute teilen dürften: Nur weil man in einer Stadt voller Menschen lebt, findet man noch lange keinen Zusammenhalt. Im Gegenteil, was Kollontai als »individualistische Moral« anprangert, gehört heute zum guten Ton eines jeden BWL-Studenten (»Wenn jeder an sich denken würde, ist doch an alle gedacht«). Das Neue an ihrer scharfen Analyse war, dass sie den Zusammenhang zwischen Wohn- und Lebensverhältnissen einerseits und andererseits der Wahnidee herausarbeitete, eine andere Person könne all den Schmerz und die Einsamkeit, die man erleidet, wiedergutmachen. Getreu dem Motto: Wenn nur ein einziger anderer Mensch mir das Gefühl gibt, die Welt ist in Ordnung, dann muss ich mir über das Schlechte, das mir tagtäglich passiert, keine Gedanken mehr machen. Dass diese Erwartung an eine Beziehung nicht viel mit Liebe oder Wertschätzung zu tun hat, versteht sich von selbst.

Mit diesem von Kollontai erkannten Problem kämpfen wir noch heute. Die afroamerikanische Autorin und Feministin bell hooks kam in ihrem 2000 erschienenen Buch *Alles über Liebe* zu ähnlichen Schlüssen: »Anstatt im öffentlichen Raum Gerechtigkeit zu suchen, konzentrierten sich die

Bürgerinnen und Bürger aufs Private und suchten dort Trost und Zuflucht. Anfangs wandten sich viele nach innen und hofften in der Familie oder in ihren Beziehungen auf ein Gefühl der Verbundenheit und Stabilität.«[81] Doch, so hooks, dort hatte sich bereits die aus den sozialen Verhältnissen resultierende Unfähigkeit zu lieben breitgemacht: »Hohe Scheidungsraten bewiesen, dass auch die Ehe kein sicherer Hafen mehr war. Und das Ausmaß häuslicher Gewalt und aller Arten von Kindesmisshandlungen, das der Öffentlichkeit zunehmend bewusst wurde, zeigte eindeutig, dass die patriarchalische Familie keine Zuflucht mehr bot.«[82]

Bei ihren Reisen durch Europa und Amerika hatte Kollontai diese Probleme bereits erkannt. Was hooks Jahrzehnte später aus den Erfahrungen ihrer amerikanischen Lebenswelt erzählt, war der reisenden Revolutionärin schon zu Beginn des 20. Jahrhunderts aufgefallen. Ihre Änderung der Ehegesetze war gerade auch in diesem Licht nur der Anfang, um die Situation für Männer und Frauen zu verbessern. Wollte sie die Frauen aus der passiven Rolle als Hausfrau und Mutter befreien, musste sie zwangsläufig über Sex und das Kindergebären nachdenken. Denn die Frauen ihrer Zeit verfügten über keine hinreichend sicheren Verhütungsmittel.

ALS ES NOCH KEINE LATEXKONDOME GAB

In den 1920er-Jahren war die Verhütung eine aufwendige und unangenehme Angelegenheit. Kondome bestanden noch aus dickwandigem Gummi, die dünnere Latex-Erfindung sollte erst gegen Ende des Jahrzehnts auf den Markt kommen. Wo sie verkauft wurden, spielte sofort die gesellschaftliche Moral hinein: So erlaubten etwa die meisten amerikanischen Bundesstaaten ihren Verkauf nur, um gegen Krankheiten vorzubeugen, nicht jedoch als explizites Verhütungsmittel. Auch Europa hielt es so, in Frankreich und Spanien hatte man nach dem Ersten Weltkrieg wegen fallender Geburtenraten sogar ein Verbot von Verhütungsmitteln erlassen. Sexuelle Abstinenz war für die junge Generation der Frauen, die gerade begannen, das selbstbestimmte Leben zu erproben, jedoch keine Option. Egal ob junge Frauen als Flapper-Girls das Nachtleben der Großstädte unsicher machten oder als »Neue Frau« mit eigenem Geld ihre (Karriere-)Wege gingen, sexuelle Selbstbestimmung gehörte dazu und damit auch das Bemühen, nicht schwanger zu werden.

Da Kondome aus besagten Gründen nicht das Mittel der Wahl waren, versuchte man auf allerlei andere Arten Schwangerschaften vorzubeugen. Etwa indem die Frauen nach dem Geschlechtsverkehr Vaginalspülungen mit Desinfektionsmitteln durchführten (eine clevere Marketingabteilung verkaufte diese chemischen Lösungen als Mittel für weibliche Intimhygiene). Auch erste Portiokappen kursierten, die ähnlich einem Diaphragma über den Gebärmutterhals gestülpt wurden, um eine Befruchtung zu verhindern. Aufgrund mangelnder Aufklärung kam es jedoch häufig zu ungewollten Schwangerschaften.

In den Biografien berühmter Flapper finden sich zahlreiche Hinweise auf die Erfahrungen, die sie mit Abtreibungen machen mussten. So verlor das amerikanische Tanzgenie Josephine Baker eine jüngere Schwester, weil diese versuchte, eine Abtreibung über einem dampfenden Bottich mit Karbolsäure vorzunehmen.[83] Die Schauspielerin Tallulah Bankhead verblutete Mitte der 1920er-Jahre fast daran, eine Schwangerschaft durch das Spritzen von Salzlösung zu beenden.[84] Und F. Scott Fitzgerald schickte seiner Zelda noch vor ihrer Hochzeit aus New York Pillen zum Schwangerschaftsabbruch, als ihre Tage ausblieben.[85]

DAS RECHT AUF ABTREIBUNG

Als Ministerin versuchte Kollontai 1917, die Lebensumstände für schwangere Frauen und junge Mütter drastisch zu verbessern. Neben dem Kündigungsverbot für Schwangere und 16 Wochen Schwangerschaftsurlaub hatten Frauen nun Anspruch auf kostenlose Gesundheitsuntersuchungen und Krippenplätze für ihre Kinder.[86] Außerdem wurde der Lohn der Frauen auf das Gehalt der Männer angehoben.

Bei all den Maßnahmen, die Alexandra Kollontai einführte, bleibt aus heutiger Sicht die Legalisierung der Abtreibung am revolutionärsten. Am 16. November 1920 erging in der jungen Sowjetunion ein Gesetz, das den Schwangerschaftsabbruch legalisierte und kostenfrei in den russischen Kliniken anbot (durchführen durften ihn nur dafür zugelassene Ärzte). Damit war das Land Vorreiter in Sachen Frauenrechte, aber nicht auf Dauer, denn bereits 1936 schränkte man den Zugang wieder ein und ließ Abbrüche nur noch in Ausnahmefällen zu, etwa wenn Lebensgefahr für die Mutter bestand.

Dennoch hatte Kollontai immerhin fünfzehn Jahre lang dafür gesorgt, dass Frauen selbst über ihren Körper bestimmen konnten – eine Tatsache, die noch heute in Ländern wie den USA nicht selbstverständlich ist. Im Gegenteil, wir erleben gerade, wie diese grundlegende Errungenschaft der Selbstbestimmung über den weiblichen Körper da, wo sie bereits erreicht war, wieder zurückgenommen wird. Im US-Bundesstaat Alabama unterzeichnete die republikanische Gouverneurin Kay Ivey im Jahr 2019 ein Gesetz, das Ärzte für die Durchführung von Abtreibungen mit bis zu 99 Jahren Gefängnis bestrafen könnte.[87] Ohnehin gehörte Alabama schon zu den Bundesstaaten, in denen Frauen kaum eine Möglichkeit hatten, eine Abtreibung vorzunehmen. Die vorhandenen drei Kliniken befanden sich alle in der Nähe von Metropolen. Wer nicht in der Großstadt wohnte und obendrein nicht über entsprechende finanzielle Mittel verfügte, konnte vom Recht auf eine Abtreibung, das 1973 vom obersten amerikanischen Gerichtshof mit dem Fall »Roe versus Wade« bestätigt wurde (ein einheitliches Gesetz gibt es dazu in den USA nicht, weshalb dieser Präzedenzfall eine rechtliche Grundlage darstellte), kaum Gebrauch machen. Amnesty International berichtete 2021: »In den USA gibt es sechs Bundesstaaten, in denen je nur eine Klinik für Abtreibung zuständig ist. Siebenundzwanzig große US-Städte und ein Großteil des ländlichen Amerikas gelten als Abtreibungswüsten.«[88] Als solche »abortion deserts« bezeichnet man Gegenden, in denen Menschen 160 Kilometer von der nächsten Abtreibungsklinik entfernt leben.

Doch seit Sommer 2022 hat sich die Situation noch verschärft. Die Richter des Supreme Courts, des obersten US-Gerichts, entschieden am 24. Juni 2022, dass die Regelung zum Fall »Roe versus Wade« aufgehoben wird. Die Schaffung der gesetzlichen Grundlagen, die festlegen, ob und wie Abtreibungen vorgenommen werden dürfen, obliegt nun wieder den einzelnen US-Bundesstaaten. In Texas, Alabama, Mississippi und einer Handvoll weiterer Bundesstaaten gilt damit ein Abtreibungsverbot, das selbst Schwangerschaften nach Vergewaltigung oder Inzest nicht zu beenden erlaubt.[89] Auch Situationen, in denen das Leben der Mutter durch die Schwangerschaft gefährdet wird, sind dort kein hinreichender Grund, eine Abtreibung vorzunehmen.

So berichtete die *New York Times* im August 2022 vom Fall einer jungen Frau, die drei Tage nach der Entscheidung des Supreme Courts von ihren Ärzten erfuhr, dass der Fötus ihres Babys an einer seltenen Krankheit litt und nicht außerhalb ihres Körpers würde überleben können. Wenn sie das Baby trotzdem austrug, so warnten die Ärzte, bestand die Gefahr, dass sie im Verlauf der Schwangerschaft an den Komplikationen sterben könnte. Doch einen Schwangerschaftsabbruch wollten die Ärzte in Tennessee aufgrund der unsicheren Rechtslage nicht vornehmen. Die junge Frau setzte sich mit ihrer Familie um zwei Uhr nachts ins Auto, um im Nachbarstaat Georgia um acht Uhr morgens einen Abtreibungstermin in einer der wenigen Kliniken, die die Prozedur noch durchführten, wahrnehmen zu können und ihr eigenes Leben zu retten.[90]

Wer denkt, in Europa sei die rechtliche Lage liberaler, der blicke nur über die deutsche Grenze in Richtung Polen. Dort erging im Oktober 2020 [91] ein Urteil, das Abtreibungen fast vollständig verbietet. Zehntausende polnischer Frauen griffen in den vergangenen Jahren auf illegale und höchst gefährliche Abtreibungsmittel zurück oder fuhren – wenn sie es sich leisten konnten – in europäische Nachbarstaaten wie Deutschland, Schweden oder Weißrussland, wo der Eingriff legal ist. Im September 2021 schockierte dann die Nachricht über den Tod einer Dreißigjährigen das Land. Sie verstarb an einem septischen Schock, weil die Ärzte keine Abtreibung vornehmen und stattdessen abwarten wollten, bis der Fötus im Mutterleib von allein starb.

Und nicht nur im konservativen, katholischen Polen ist die Front der Abtreibungsgegner erstarkt. Im Januar 2021 wurde in Deutschland eine Ärztin dafür verurteilt, auf ihrer Webseite über die medizinischen Tatsachen des Schwangerschaftsabbruchs zu informieren und nicht nur anzugeben, dass solche Eingriffe in ihrer Praxis vorgenommen wurden. Das Gericht legte ihr das nach dem Paragrafen 219a des Strafgesetzbuches als Werbung aus und verurteilte sie zu einer Geldstrafe und Entfernung der Passagen von der Webseite.[92] Erst im Juni 2022 beschloss der Bundestag, den Paragrafen, der 1933 während der Anfänge des Nationalsozialismus ins Gesetzbuch aufgenommen wurde, endgültig aus dem Strafrecht zu entfernen.[93]

Doch damit ist das Thema Abtreibung in Deutschland längst nicht unumstritten. Selbst wenn es in der Kunst verhandelt wird, ruft es heftige Reaktionen hervor. Das zeigte sich im Herbst 2021 beim Filmfestival von Venedig. Dort gewann das französische Abtreibungsdrama *Das Ereignis* den Hauptpreis. Der Film, der auf der Grundlage des autobiografischen Romans von Annie Ernaux entstanden ist, erzählt die Geschichte einer jungen Studentin im Frankreich der 1960er-Jahre und deren Spießrutenlauf beim Versuch, eine Schwangerschaft zu beenden. Im Abschlussbericht zum Festival stand in der *Frankfurter Allgemeinen Zeitung*: »Was diesen Film wichtig und sehenswert macht, liegt auf der Hand – das Selbstbestimmungsrecht von Frauen ist heute weltweit keineswegs sicher.«[94] Die katholische *Tagespost* holte umgehend zum Gegenschlag aus und echauffierte sich, mit solchen Artikeln solle »Abtreibungen der Weg in die Normalität«[95] gebahnt werden. Was Frauen wie Alexandra Kollontai vor hundert Jahren bereits durchgesetzt hatten, ist für viele Menschen noch heute nicht akzeptabel.

Wäre es nicht zeitgemäßer und vielleicht mehr im Sinne der biblischen Nächstenliebe, zu hinterfragen, was Frauen heute überhaupt noch dazu bewegt, diesen drastischen Eingriff vorzunehmen? Und denken überzeugte Abtreibungsgegner, dass eine Abschaffung des Rechts tatsächlich zu weniger Abtreibungen führe und nicht einfach zu mehr illegalen und häufig gefährlichen Eingriffen? Egal zu welcher Zeit, ob im dunkelsten Mittelalter oder im aufgeklärten, aber konservativen Polen des 21. Jahrhunderts, Frauen haben schon immer Wege gefunden, ihr Recht auf Selbstbestimmung über den eigenen Körper auszuüben. Die Frage ist nur, wie viel sie dafür riskieren müssen.

REVOLUTION DER SEXUALMORAL

Bei allen Reformen, die Kollontai hinsichtlich der körperlichen und sexuellen Selbstbestimmung der Frau durchsetzte, dienten ihre Vorstöße nicht dazu, ständig wechselnde Sexpartner oder gedankenlose »freie Liebe« zu propagieren. Ghodsee unterstreicht: »Es ist wichtig, sich vor Augen zu halten, dass Kollontai nie für hemmungslose Promiskuität plädierte oder eine Form der ›freien Liebe‹, bei der es nur um das hedonistische Vergnügen ging. Stattdessen glaubte sie, dass Männer und Frauen echtere und bedeutungsvollere Beziehungen haben könnten, wenn das Band zwischen Eigentum und Sexualität zerschnitten würde.«[96] Kollontai führte diese Vorstellungen zur neuen Sexualität exemplarisch in Kurzgeschichten und Erzählungen aus, auf die wir noch einen genaueren Blick werfen werden. Es geht darin stets um Frauen, die neue Arten von Beziehungen erproben und dabei versuchen, allein auf ihr Herz und ihren Verstand zu hören und sich nicht von alten Moralvorstellungen in der Verwirklichung ihrer Liebe einschränken zu lassen.

Der Neudefinition von Sexualität wohnt auch eine neue Idee von Körperlichkeit und Geist inne. Wie stark Sexualität und Psyche zusammenhingen, hatte man in Russland schneller als in anderen europäischen Ländern verstanden. Es ist kein Zufall, dass die erste Übersetzung von Sigmund Freuds *Traumdeutung* 1909 auf Russisch erschien.[97] In den russischen Großstädten fand die Psychoanalyse schnell Anhängerinnen und Anhänger. In Petrograd legte Tatiana Rosenthal das Fundament für die Psychoanalyse nach der russischen Revolution. 1919 wurde sie Chefärztin am Institut für Hirnpathologie und Supervisorin des klinischen Sektors. Im Winter desselben Jahres hielt sie die erste Vorlesung zur Psychoanalyse in der Sowjetunion. Sie war nicht die einzige Frau, die mit Freuds Erkenntnissen neue Vorstöße wagte. Vera Schmidt gründete zur gleichen Zeit in Moskau ein Institut für vernachlässigte Kinder, in dem sie Ideen von freier Körperlichkeit und fortschrittlicher Sexualerziehung ausprobierte.[98]

In seinem Buch *Freud and the Bolsheviks* schreibt der amerikanische Historiker Martin A. Miller über die Psychoanalyse in Russland vor, während und nach der Revolution. Er konstatiert, dass mit dem Beginn der 1930er-Jahre auch die Zeit der Psychoanalyse in der Sowjetunion vorbei war: »Die offenen Debatten über Freud und die Psychoanalyse hatten während der 1920er ihren Zweck. Solange die Parteiführer nach Legitimation strebten, diente die Psychoanalyse dem Versuch, eine marxistische Psychologie zu etablieren. Der sowjetische Kommunismus war gegenüber den freudianischen Thesen deshalb anfangs sehr aufgeschlossen und sah sie als einen Modus, um menschliches Verhalten zu erklären. Zwischen 1925 und 1930 wurde die Psychoanalyse jedoch zusammen mit anderen inakzeptablen psychologischen Orientierungen, die sich auf ›westliche antisoziale Einflüsse‹ zurückführen ließen, eliminiert.«[99]

Auch Kollontais Ideen und Schriften zur neuen Sexualmoral wurden im neuen Staat zunehmend kritisch gesehen. Gern wird zum Beleg dafür ein Zitat von Lenin angeführt, das die deutsche Frauenrechtlerin Clara Zetkin in einem Gesprächsprotokoll aus dem Jahr 1925 aufzeichnete.[100] In der Unterhaltung stellt Lenin den Fokus der Frauenbewegung auf sexuelle Moralüberlegungen infrage. Er wischt die »Erweiterung durch die Freudschen Hypothesen« beiseite, kritisiert sie als Modenarrheit der Bourgeoisie und geht auch mit Kollontais Vergleich, dass Sex so einfach sein sollte wie ein Glas Wasser zu trinken, hart ins Gericht, stimmt jedoch ihren Gedanken zu den veralteten Familien-, Ehe- und Scheidungsgesetzen zu.[101] Aus Zetkins Aufzeichnung ist ersichtlich, dass inmitten der gesellschaftlichen Umwälzung, der sich die junge Sowjetunion gegenübersah, eine reformierte Sexualethik nicht die höchste Priorität hatte. Und dass zudem die Angst bestand, diese neuen Ideen könnten die Jugend verderben und von wichtigeren Aufgaben beim Aufbau des neuen Staates abhalten.

Immerhin war es Kollontai gelungen, ihre Vorstellung, dass sich die Ehe schnell wieder lösen lassen musste, in einem neuen Scheidungsgesetz zu etablieren. Das reformierte Scheidungsrecht war damit später Vorbild für andere Länder des Ostblocks wie beispielsweise die DDR. (Dass Scheidung dort kein Makel mehr war, zeigte etwa der auch im Westen preisgekrönte Spielfilm *Der Dritte* von Egon Günther aus dem Jahr 1972, der ganz ohne biedere Moral von einer jungen, zweimal geschiedenen Frau erzählt, die ein drittes Mal die Liebe sucht.)

Die Unterschiede zwischen Scheidungen in der DDR und der Bundesrepublik waren durchaus wesentlich; in der DDR gab es beispielsweise kein Trennungsjahr. In einem Artikel über die finanziellen Tücken der Scheidung, der 2022 im Finanzteil der *Frankfurter Allgemeinen Zeitung* erschien, heißt es: »Als Resultat aus dem verfassungsrechtlichen Schutz der Ehe ist der Staat keinesfalls gehalten, Scheidungen zu erleichtern, merkt Rechtsanwältin Becker an. Deshalb gibt es das besagte Trennungsjahr, in dem Partner Zeit bekommen, sich ihren Entschluss gründlich zu überlegen.«[102]

Wenn es aber nicht nötig ist, sich ein Jahr lang über die finanzielle Absicherung zu einigen, wenn beide Partner sowieso arbeiten gehen, die Kinder während dieser Zeit in Krippen oder Kindergärten betreut werden und ein

Gehaltsgefälle zwischen den Partnern kaum vorhanden ist, so braucht es auch kein Trennungsjahr.

Im Gegensatz zu dem von Kollontai angestrebten Ideal, nach dem beide Partner gleichberechtigt sind, die Kinderbetreuung kostenfrei ist und Finanzen in einer Partnerschaft keine Rolle spielen, ist die Gesetzeslage der heutigen Bundesrepublik in diesem Punkt noch immer geprägt von der Vorstellung, dass ein Partner die Familie versorgt und der andere ihm den Rücken von Haushalt und Kindererziehung freihält.

»Welche Arbeit ich auch weiterführen werde, so ist es mir vollkommen klar, dass das Ziel der vollkommenen Befreiung der arbeitenden Frau und die Schaffung der Grundlage zu einer neuen sexuellen Moral immer das höchste Ziel meines Wirkens, meines Lebens bleiben wird.«

Alexandra Kollontai
Wege der Liebe

ERSTE DIPLOMATIN DER GESCHICHTE

»PRAKTISCH LEBTEN SIE UNTER DEM ALTEN JOCHE«

Lediglich ein Gesetz zu ändern genügte nicht, wenn der Rest der Gesellschaft in alten Vorstellungen und Verhaltensweisen verharrte. So fasste Kollontai ihre Arbeit während und kurz nach der Revolution in Russland in ihrer Autobiografie mit Weitsicht zusammen: »Die Revolution war in vollem Gange. Der Kampf wurde immer unversöhnlicher und blutiger, vieles Geschehende passte nicht in meine Weltanschauung. Aber da war ja noch die ungelöste Aufgabe, die Befreiung der Frau. Gesetzlich hatten die Frauen ja alle Rechte erhalten, aber praktisch lebten sie ja noch unter dem alten Joche.«[103]

Weiterhin schreibt sie später mit zunächst befremdlichem Bedauern, dass sie, wie sie sagt, leider zwischen »all der mannigfaltigen, spannenden Arbeit« noch Zeit für »intime Erlebnisse, für Leid und Freud der Liebe« fand. »Ich sage leider, weil diese Erlebnisse gewöhnlich viel zu viel Sorge, Enttäuschung und Schmerz mit sich brachten, weil dadurch viel zu viel Kräfte wertlos verbraucht wurden.«[104]

Und Enttäuschungen waren es, denn »der Freund sah nur immer in erster Linie das Weibliche, das er versuchte, zur willigen Resonanz seines eigenen Ichs zu kneten«.

Was Kollontai hingegen vorschwebte, waren Beziehungen frei von den Spielchen, der Manipulation und dem Machtgefälle, die sie bei den Generationen, die noch mit den alten Rollenbildern aufgewachsen waren, erlebte. Ihr Ideal war eine Partnerschaft, die Raum bot, sich aufeinander einzulassen, die andere Person als den Menschen kennenzulernen, der sie oder er ohne die Ängste und Zwänge war.

Doch die Männer in ihrem Leben enttäuschten sie, jedes Mal musste »wieder die Stunde kommen, wo ich die Kette der Gemeinsamkeit wehen Herzens, aber mit unbeeinflusstem Willen ablegte«.[105] Was sie zu der gefestigten Persönlichkeit machte, die sie trotz aller Liebeskrisen blieb, war die Arbeit. Aus ihr zog sie die Kraft weiterzuleben. Sie wusste, dass sie kein Zubehör einer vorgefertigten Lebensform, sondern ein kompletter Mensch war, solange sie ihren Aufgaben nachgehen konnte, egal wie viel Gegenwind sie für ihre politischen Ansichten bekam.

KOLLONTAI WIRD BOTSCHAFTERIN

1922 tritt Kollontai in den diplomatischen Dienst ein. Ihre Berufung hängt auch wieder mit einer gescheiterten Beziehung zusammen. Im Alter von 45 Jahren hatte sie den 28 Jahre alten Matrosen Pawel Dybenko geheiratet, aber die

Ehe scheiterte. Fünf Jahre nach der Hochzeit verlässt Kollontai ihren Mann und bittet die Partei um einen neuen Posten. Man bietet ihr an, als Diplomatin ins Ausland zu gehen. Später wird dieser Schritt von Biografen auch dahingehend gedeutet, dass sie im engeren Zirkel der Führungsriege Vertrauen eingebüßt hatte und konservative Kräfte diese unbequeme Frau mit ihren radikalen Forderungen loswerden wollten. Die Ernennung zur Diplomatin sei also mehr Kaltstellung denn Beförderung gewesen.

In ihrer Autobiografie erobert sich Kollontai die Deutungshoheit über diesen Lebensabschnitt zurück: »Als ich zur russischen Gesandtin in Oslo ernannt wurde, wurde es mir bewusst, dass ich damit nicht nur für mich selbst, sondern für die Frauen überhaupt einen Sieg errungen hatte, und zwar einen Sieg über ihren schlimmsten Feind überhaupt, der da heißt konventionelle Sittenmoral und konservative Ehebegriffe.«[106] Als sie diesmal den Zug außer Landes nahm, war das also durchaus keine Niederlage, denn sie bestieg ihn als erste Diplomatin der Moderne – auch hier hatte Kollontai es geschafft, aus einer Widrigkeit einen Sieg zu machen und eine weitere Stufe für die Gleichberechtigung zu erklimmen.

Für die Arbeit als Diplomatin war die mittlerweile Fünfzigjährige mehr als geeignet, sprach sie doch seit ihrer Kindheit ein halbes Dutzend Sprachen und hatte viele Jahre in Europa und Amerika gelebt. Dass ihre Entsendung auf dem internationalen Parkett eine absolute Neuheit darstellte, merkte sie bei etlichen Empfängen und Staatsbesuchen; der schwedische König etwa war bei ihrem Empfang unsicher, ob er im Sitzen oder Stehen mit ihr reden sollte, es gab kein Protokoll, das den Umgang mit einer Frau in dieser Position vorsah.

Doch Kollontai nahm die Herausforderung gelassen an. 1922 begann sie in einem Zug nach Norwegen ihre detaillierten Aufzeichnungen über die Diplomatentätigkeit. Ihr erstes Heft beginnt am 9. Oktober noch einmal mit einem Blick auf die gescheiterte Ehe: »Ich laufe nicht vor Pawel davon, sondern vor jenem ›Ich‹, das um ein Haar auf das Niveau des mir verhassten Typs der verliebten und gefangenen Frau herabgesunken wäre.«[107] Ihre Erfahrungen aus dieser Beziehung, die Kämpfe um Selbstbestimmung und Liebe, wird sie wenige Monate später in ihren Erzählungen »Wege der Liebe« verarbeiten.

Doch zunächst einmal galt es, sich einen Platz in der Geschichte als »erste offizielle weibliche Diplomatin«[108] zu erobern. Was ihr an Erfahrung mangelte, machte sie mit Charme wett. Als sie sich etwa eine rügende Note des norwegischen Außenministeriums einhandelte, weil sie eine Anfrage nicht dem diplomatischen Protokoll gemäß weitergeleitet hatte, bereinigte sie die Angelegenheit kurzerhand im direkten Gespräch mit dem stellvertretenden Außenminister. Sonst verbrachte sie ihre Zeit mit der Aushandlung von Handelsverträgen, las sich dafür allerhand zu Hering und Roggen an und verbrachte die wenige freie Zeit mit dem Schreiben von Kurzgeschichten. »Meine Tage und mein gesamtes Leben zerfallen – wie in den Romanen, in denen der Held ein Doppelleben führt – in zwei Teile. Zum einen bin ich Handels- und bevollmächtigter Vertreter, der sich mit den Preisen für Varsild und Storsild [norwegische Heringsbezeichnungen] herumärgert, der unaufrichtige Freundlichkeiten mit Michelet wechselt, Bankanweisungen unterschreibt, unaufschiebbare Chiffretelegramme an den Staatshandel und andere Dienststellen verfasst, und zum anderen bin ich Schriftsteller – Autor der ›Wassilissa Malygina‹.«[109]

Die Befürchtung, ihr bliebe über dem Dienst keine Zeit mehr fürs Schreiben, sollte sich als unbegründet herausstellen. 1923 erschien der Band *Wege der Liebe*. Er enthielt neben der Geschichte über Wassilissa Malygina weitere Erzählungen. Kollontai verhandelte etwa in »Die Liebe der drei Generationen« exemplarisch das Ringen von Frauen unterschiedlichen Alters mit den neuen sexuellen Freiheiten und zeigt in »Schwestern«, dass zwischen zwei Frauen, die mit demselben Mann schlafen, Solidarität herrschen kann.[110] Ihre Erzählungen sind keine Liebesromane, in denen Frauen auf die Erfüllung ihrer Sehnsüchte durch einen Mann warten und deren Leben erst durch die Ehe und Familiengründung einen Sinn erhalten. Vielmehr entsprechen ihre Figuren dem Typus Frau, der in Amerika und Westeuropa als »Neue Frau« aufgetaucht war. Der Schriftsteller Henry James hatte das Phänomen als einer der Ersten gegen Ende des 19. Jahrhunderts beschrieben.[111] Diesem Frauen-Typ gewährte Geld (zumeist ererbtes) Unabhängigkeit. Zur weißen Mittelschicht gehörend, konnten es sich diese Frauen also im doppelten Sinne des Wortes leisten, ihr Leben selbstbewusst nach eigenen Vorstellungen zu gestalten, sei das in der Hinsicht sich zu bilden, sich zu kleiden oder etwa Sport zu treiben. Die neuen Frauen waren unter den Ersten, die Zugang zu Universitäten forderten und nutzten. Sie setzten Kleiderreformen durch, um ihr Leben aktiver zu gestalten, denn wie sollte man in mehrlagigen bodenlangen Röcken etwa Fahrrad fahren oder in einem die Luft abschnürenden Korsett durch Universitätsflure eilen? Sie beteiligten sich aktiv am Gesellschaftsleben und begannen dafür auch ein Recht auf politische Mitsprache zu fordern. Kollontai entwirft demgegenüber den Typus der neuen sowjetischen Frau, deren Willen zur Selbstgestaltung des eigenen Lebens nicht erst durch Erbe und Geld legitimiert werden muss, sondern die ihr Schicksal selbst in die Hand nimmt und sich den Widrigkeiten des Lebens mit Mut und Tatkraft stellt, sei das im Beruf oder in der Liebe.

In ihrem Buch *Wassilissa Malygina. Erzählungen über Wege der Liebe im frühen Sowjet-Rußland – Frauen zwischen Ehe und Revolution* aus dem Jahr 1923 reflektiert sie die gescheiterte Beziehung zu Dybenko und folgt einer jungen Frau, die politisch und beruflich aktiv ist, sich jedoch in einer Beziehung mit einem Partner befindet, den eine Beförderung in seinen Lebenseinstellungen verändert. Konsum geht ihm plötzlich über alles, er häuft teures Porzellan und anderen Nippes an, kauft der Frau Putz und Kleider und versucht, sie in die Rolle der Hausfrau zu pressen. Eine Weile schickt sich Wassilissa hinein, versucht Kompromisse einzugehen, doch zunehmend leidet sie unter der Untätigkeit, zu der dieses Lebensmodell sie verdammt. Wie die Autorin selbst, so muss auch Wassilissa aus der Beziehung ausbrechen, weil diese Partnerschaft sie zu ersticken droht.

Kollontai propagierte mit ihren Geschichten ein Bild der Frau, die aktiv war und nicht auf die Idee kam, in einem passiven Dasein glücklich sein zu können. Der Drang zur Selbstbestimmung war für sie ein Grundrecht jeder Frau. Diese Ideen setzte sie nicht nur literarisch um. Auch ihre Sachtexte zur neuen Sexualmoral veröffentlichte sie als Diplomatin weiterhin. So erschien 1923 ihr bis heute heftig diskutierter Aufsatz »Ein Weg dem geflügelten Eros«, in dem sie neue Formen von Beziehungen erörtert und die Jugend zu ermutigen sucht, die alten Vorstellungen und Traditionen abzuschütteln, um sich als freiere Menschen gegenüberzutreten.[112]

DER GEFLÜGELTE EROS

In ihrem Aufsatz, der zunächst unter dem Titel »Vierter Brief an die arbeitende Jugend« erschien, zieht Kollontai ein kurzes Resümee der Gepflogenheiten während der Revolution. Ja, im Kampf hätten die Beziehungen gelitten, für echte Liebe sei keine Zeit gewesen: »[...] freie sexuelle Beziehungen ohne gegenseitige Verpflichtungen, in denen der nackte, nicht von Liebeserlebnissen verschönte Instinkt der Reproduktion der Motor war, nahmen deutlich zu.«[113] Einige habe das erschreckt. Doch da man nun dabei sei, eine neue Gesellschaft aufzubauen, sollte man auch die Beziehungen der Individuen zueinander in diesen Prozess mit einbeziehen: »Gerade jetzt, wo die Revolution in Russland gesiegt und sich durchgesetzt hat, wo die Atmosphäre des revolutionären Kampfes aufgehört hat, den Menschen ganz und gar und restlos zu verschlingen, beginnt der zart geflügelte Eros, der sich vorübergehend in die Position des Verschmähten gedrängt sah, von Neuem seine Rechte geltend zu machen. Er trotzt dem mutig gewordenen ungeflügelten Eros – dem Instinkt der Reproduktion, der nichts mit den Wundern der Liebe zu tun hat.«[114]

Es ist eine der versteckten rhetorischen Feinheiten in Kollontais klarer Sprache, hier mit dem Bild des antiken griechischen Liebesgottes zu arbeiten, dem geflügelten Helfer der schönen Liebesgöttin Aphrodite, der seine Pfeile in die Herzen der Menschen schießt, um sie in Liebe zueinander entbrennen zu lassen. Der ungeflügelte Eros ist dabei dann Kollontais Metapher für ungezügeltes Verlangen, das sich allein auf den Geschlechtsakt bezieht, bei dem keine Gefühle im Spiel sind (»er bringt keine schlaflosen Nächte, macht den Willen nicht weich, beeinträchtigt die kühle Verstandesarbeit nicht«[115]). Es geht ihr keineswegs darum, in ihrer neuen Sexualmoral zu sagen: Schlaft, mit wem ihr wollt, euer Handeln hat keine Konsequenzen. Im Gegenteil.

Die nächste Stufe des zwischenmenschlichen Zusammenlebens sah sie in der Befreiung von alten Moralvorstellungen, die besagten, dass jede Anziehung, die zu Sex führen könnte, direkt in der Ehe enden müsste, um der Verbindung formelle Geltung zu verschaffen – da aus dem Sex Kinder hervorgehen könnten, deren Versorgung sonst nicht gesichert wäre. Von dieser Sorge hatten Kollontais umfassende Gesetze zu Kinderbetreuung, Mutterschutz und auch Abtreibungen die jungen Paare entbunden.

Wie aber sollte die Beziehung dann aussehen? Sie betrachtete dafür die Entwicklung des Inhalts des Liebesbegriffs über die Jahrhunderte und kam zu dem Schluss: »Liebe ist in ihrer jetzigen Form ein sehr komplizierter Zustand der Seele, der sich schon lange von ihrem Urinstinkt – dem biologischen Fortpflanzungsinstinkt – entfernt hat und ihm oft sogar krass widerspricht.«[116] Als Beispiel führte sie das unter den »Psychologen unter den Schriftstellern« beliebte Thema der »Liebe zu dreien« an und findet dafür Belege bei Goethe, Ibsen, Byron und George Sand, stellte jedoch sofort deutlich heraus, dass es ihr hier nicht um die Polygamie geht, bei der ein Mann sexuelle Beziehungen (ohne Eros) zu mehreren Frauen führt. Vielmehr brachte sie zwei Fälle vor, die wir heute als Polyamorie bezeichnen würden: »Eine Frau kann einen Mann mit ›allen Saiten ihrer Seele‹ lieben, mit ihm stimmen ihre Gedanken, Bestrebungen und Wünsche überein; zu einem anderen fühlt sie sich machtvoll durch die Kraft körperlicher Harmonie hingezogen.« Und: »Für die eine Frau empfindet ein Mann das Gefühl sanfter Zärtlichkeit, besorgtes Mitleid, in einer anderen findet er Unterstützung und Verständnis für die besten Bestrebungen seines ›Ich‹.«[117]

Wie sich entscheiden? Die monogame Beziehung sagt: Einer Person muss das Herz mehr gehören als der anderen. Kollontai aber plädiert für ein Modell, das wir heute als Polyamorie kennen: »Warum soll er seine Seele zerreißen und verstümmeln, wenn die Fülle des Seins nur durch das Vorhandensein sowohl der einen wie der anderen seelischen Stütze gegeben ist?«[118]

Obwohl Kollontais Gedanken bereits Mitte der 1920er-Jahre darum kreisten, ob dieses Gegenmodell zur Monogamie etwas taugte, dauerte es weitere siebzig Jahre, bis das Phänomen zum Thema allgemeiner Lebenshilfedebatten wurde. Im Laufe des 20. Jahrhunderts war die polyamouröse Beziehung eher ein Experiment, an dem sich die künstlerische Avantgarde versuchte. Der britische Philosoph und Schriftsteller Bertrand Russell brachte 1929 das Buch *Ehe und Moral* heraus, in dem er argumentierte, dass angesichts moderner Verhütungsmethoden Sexualität und Ehe neu bewertet werden müssten. Russell sah sich danach schärfster Kritik ausgesetzt, in den USA verbot man ihm per Gerichtsbeschluss, eine Professur am New Yorker City College anzutreten.

Andere Künstler und Intellektuelle versuchten sich ganz praktisch an der Gestaltung neuer Beziehungen, auch wenn dies nicht immer für alle Seiten zufriedenstellend gelang. Offenheit und Ehrlichkeit sind oft schwerer einzuhalten, als man das auf dem Papier darstellen kann, und mit der daraus resultierenden Eifersucht bei den sich betrogen fühlenden Geliebten umzugehen, ein weiteres Problem. Bertolt Brecht,

Jean-Paul Sartre oder Simone de Beauvoir ließen einschlägige Erfahrungen in ihre Werke einfließen, ebenso die amerikanische Schriftstellerin Djuna Barnes. In ihrem Roman *Nachtgewächs*[119] zeichnet sie nicht nur ein Bild der wilden Nächte, die ihre Protagonistin Robin im Berlin und Paris der wilden 1920er erlebt, sie erzählt auch von den verzweifelten Versuchen, eine glückliche Beziehung zu führen, erst mit einem Mann, dann mit mehreren Frauen. Das Ringen um Liebe, der Kampf der Eifersüchtigen lesen sich wie die fiktionale Ausgestaltung zu Kollontais Eros-These, wonach Menschen raubtierhaft versuchen, die Verwirklichung des Seelengefährtentraums zu erzwingen und durch Sex für eine Weile die Einsamkeit des Großstadtlebens zu verscheuchen.

Die Wirren, in die sich Paare stürzen würden, die die traditionelle Zweierbeziehung hinter sich lassen wollen, hatte Kollontai in ihrer Analyse der Geschlechterbeziehungen bereits vorausgesehen: »Der heutige Liebhaber verzeiht unvergleichlich leichter eine physische Untreue als eine seelische, und jedes Teilchen der Seele, das der freie Ehegenosse außerhalb der Schwelle seines Liebestempels verschwendet hat, scheint ihm ein unverzeihlicher Diebstahl an einem ihm persönlich gehörenden Schatze zugunsten anderer.«[120]

Kollontai hätte einer einfachen Formel »Monogamie = schlecht, Polygamie = gut« nie zugestimmt. Barbara Kirchner fasste es in ihrem Vorwort zu Kollontais Autobiografie folgendermaßen zusammen: »Wie alles, das überhaupt eine Geschichte hat, vollzieht sich auch der Fortschritt der erotischen Beziehungen zwischen Menschen in Widersprüchen.

Auf das Falsche folgt, wenn es bekämpft und im glücklichsten Fall ausgehebelt wird, nicht einfach das Richtige, sondern zunächst ganz im Sinne der Umkehrungen oder Ableitungen […] einfach das Andere.«[121]

NOMINIERUNG FÜR DEN FRIEDENSNOBELPREIS

Die Errungenschaften, die sie als Ministerin initiiert hatte, musste Kollontai als Diplomatin zum Teil wieder fallen sehen. Noch während sie in Oslo Handelsabkommen ausarbeitete und mit ihren diplomatischen Mitteln um die Anerkennung der Sowjetunion durch Norwegen warb, hatte sich die Stimmung in ihrer Heimat gedreht. Beim Aufbau des neuen Staates nahmen andere Dinge höhere Priorität ein. Die hart erkämpften Gesetze zu Eheschließung, Abtreibung und Scheidung wurden 1936 unter Josef Stalin abgeändert, ihre Radikalität wurde entschärft. Am 27. Juni 1936 wurde Abtreibung verboten, erst 1955, zwei Jahre nach Stalins Tod, sollte die Sowjetunion Abtreibung wieder legalisieren.[122] Schon zuvor war klar, dass Kollontais Ansichten Stalin zu radikal waren, so hatte die »Stalinsche Kontrolle« etwa zu Änderungen in der ersten Veröffentlichung ihrer Autobiografie 1926 geführt.[123] Gerade die Stellen, in denen sie über die Selbstbestimmung der Frau innerhalb der Beziehung und gegen die Kernfamilie anschrieb, entfielen. [124] Unter Stalin kehrte das patriarchale Idealbild der Familie zurück.

Stalins autoritäre Regierungsweise beendete auch andere

Experimente, etwa die Korenisazija-Politik. Unter Lenin eingeführt, sollte sie zur Integration nationaler Minderheiten im sowjetischen Vielvölkerstaat dienen, stärkte etwa besonders in der Ukraine die Besinnung auf eigene Wurzeln. Kollontai kehrte 1919 auf Beschluss des Zentralkomitees ihrer Partei für einige Monate in die Heimat ihres Vaters zurück und bemühte sich, im ukrainischen Charkow Arbeiterinnen zu organisieren, in Kiew schrieb sie Broschüren darüber »Wie die Arbeiterinnen für ihre Rechte kämpfen«.[125] Während ihrer Zeit als Ministerin für soziale Fürsorge wurden 1919 zudem in Zentralasien die ersten Frauenabteilungen gegründet. Ziel war es, den Frauen in Usbekistan, Turkmenistan oder Kirgisistan Zugang zu Bildung zu erleichtern und sie von den dort bislang geltenden Scharia-Gesetzen (die es etwa noch ermöglichten, Mädchen im Alter von neun Jahren zu verheiraten) zu befreien. Dass dies im Einklang mit der Korenisazija-Politik geschah, zeigen Aufnahmen jener Zeit, auf denen kirgisische oder turkmenische Mädchen in traditioneller Kleidung beim Lesen von Nationalepen zu sehen sind.[126] Mit der Machtübernahme Stalins endete diese Politik.

Nicht nur politische Rückschläge musste Kollontai einstecken. Den Stalinistischen »Säuberungen« fielen einige ihrer engsten Freunde zum Opfer, darunter auch ihre früheren Geliebten Pawel Dybenko und Alexander Schljapnikow, sie selbst entging den Verfolgungen aber. Ghodsee spekuliert, dass es an ihrem diplomatischen Talent und den Verdiensten lag, die sie während ihrer Zeit als Diplomatin errang.[127]

Denn Kollontai tat, was sie immer getan hatte: Sie blieb bei ihren Überzeugungen und ging trotz zunehmender gesundheitlicher Beschwerden, die aus einer früheren Typhuserkrankung resultieren, mit Hingabe ihrer diplomatischen Tätigkeit nach. Für kurze Zeit versetzte man sie nach Mexiko, doch sie vertrug das Klima so schlecht, dass sie umgehend um Rückversetzung bat. Es folgen weitere Jahre in Oslo und ab 1930[128] eine Versetzung nach Stockholm, wo sie fünfzehn Jahre lang als Diplomatin die Sowjetunion vertritt.

Ihre Bemühungen um Frieden zwischen der Sowjetunion und Finnland sowie die unermüdliche diplomatische Arbeit in Skandinavien trugen nach dem Zweiten Weltkrieg Früchte. Man erkannte ihre harte Arbeit auch international an. Im Jahr 1946 wird sie für den Friedensnobelpreis vorgeschlagen: »Der Hauptgrund für Kollontais Nominierung war ihre nimmermüde Arbeit für die sowjetisch-finnische Aussöhnung nach dem ›Winterkrieg‹ von 1939 und dem ›Fortsetzungskrieg‹, den beide Länder von 1941–44 austrugen«, schrieb Olav Njølstad, Forschungsdirektor des norwegischen Nobel-Instituts 1999.[129] Und fügte seinem Bericht hinzu: »Kollontai war ab 1930 Botschafterin in Stockholm bis zum Ende des Zweiten Weltkriegs, doch in Norwegen wurde sie als Leiterin der sowjetischen diplomatischen Mission in den Zwanzigerjahren in guter Erinnerung behalten.« 1946[130] entschied sich das Nobelkomitee für zwei amerikanische Friedensaktivisten. Im Jahr darauf wurde Kollontai abermals nominiert, ging aber wiederum leer aus. Dass man im beginnenden Kalten Krieg eine Frau aus der Sowjetunion auszeichnen würde, war ohnehin unwahrscheinlich, die Nominierung bedeutete aber immerhin eine Würdigung ihrer internationalen Arbeit.

LETZTE JAHRE IN MOSKAU

Bei all ihrer Arbeit kam für Kollontai die eigene Gesundheit selten an erster Stelle. Schon zu ihrer Zeit im Exil vor dem Ersten Weltkrieg hatte die Fülle an Auftritten, Reden, politischer Agitation und ihre Tätigkeit als Autorin ihr kaum genug Schlaf gelassen. Als Ministerin und dann als Diplomatin nahm das Pensum noch zu. Der Stress forderte schließlich seinen Tribut. 1943, als sie im Alter von 70 Jahren den Waffenstillstand zwischen Finnland und der Sowjetunion aushandelte und im Anschluss als Mediatorin die Friedensverhandlungen der beiden Staaten führte, erlitt sie einen Schlaganfall, der ihr linkes Bein und den linken Arm lähmte.[131] Trotzdem kehrte sie an den Verhandlungstisch zurück und schloss die Friedensverhandlungen ab. Drei weitere Jahre blieb sie danach noch im diplomatischen Dienst. Erst im Alter von 73 Jahren legte sie ihre Arbeit und öffentliche Tätigkeit nieder und kehrte mit ihrer schwedischen Sekretärin nach Moskau zurück.

Die sowjetische Regierung stellte ihr eine Zweizimmerwohnung, in der sie ihre letzten Jahre verbrachte. Noch im hohen Alter konsultierte das Ministerium für Auswärtige Angelegenheiten sie als Beraterin. Ihre restliche Zeit verbrachte sie in Moskau damit, den Nachlass zu sortieren, Dokumente zu ordnen und an ihren Memoiren zu schreiben – sofern ihre Gesundheit es ihr erlaubte, denn dem ersten Schlaganfall war ein weiterer gefolgt. Am 9. März 1952 starb Alexandra Kollontai im Alter von 79 Jahren in ihrer Moskauer Wohnung an einem Herzinfarkt.[132]

Den Nachruf blieb die russische »Prawda«, das Zentralorgan der kommunistischen Partei der Sowjetunion, ihr schuldig[133]. Im Ausland aber würdigte man die langjährige Diplomatin. In der deutschen Wochenzeitung »Die Zeit« erscheint am 20. März 1952 ein Nachruf, der besonders ihre diplomatische Tätigkeit hervorhebt: »Alexandra Kollontai beherrscht nicht nur glänzend die Umgangsformen jenes Bereichs der Fräcke und kultivierten Worte. Die erste Volldiplomatin der Welt erweist sich auch für ihren Beruf als durchaus geeignet. Es gelingt ihr, die norwegische Regierung zur de jure-Anerkennung der Sowjetunion zu veranlassen und einen Handelsvertrag zu schließen.«[134] Der Autor fügt eine Bemerkung hinzu, die vom Blick auf die Stalinzeit geprägt ist: »Frau Kollontai hat den Sturz ihrer revolutionären Jugendideen hingenommen, ohne selbst mit dem Regime in Konflikt zu kommen. Sie war Diplomatin.«[135]

WAS BLEIBT

Obwohl ihr diplomatisches Geschick ihr gewiss dabei geholfen hat, durch schwierige politische Zeiten zu navigieren, ist es schwer zu sagen, was ihr selbst in ihrem Leben wichtiger war: die diplomatischen Friedensbemühungen oder ihre Vorstöße zu gleichberechtigten Partnerschaften. Bei einer Reise nach Moskau 1928 besuchte die Botschafterin Kollontai auch die Universität, an der sie einst gelehrt hatte, und stellte enttäuscht fest, dass die Studenten sich mittlerweile für andere Fragen und ganz andere Aufgaben als noch zu Beginn der 1920er-Jahre interessierten: »Es ist die ›Lebensweise‹, die neue Lebensweise, verbunden mit rein praktischen Aufgaben. Sexuelle Probleme bewegen sie nicht mehr.«[136] Mit Verdruss vermerkt sie in ihren Aufzeichnungen, dass die jungen Frauen sie lieber nach der Mode der Frau des afghanischen Schahs fragten als nach den Errungenschaften der Frauenbewegung. Vielleicht machte sich in dieser Beobachtung Kollontais aber auch einfach die Resignation des Alters bemerkbar. Denn trotz Abschwächung der Gesetze und ignoranter Studenten konnte der Vorstoß, den sie in Sachen Gleichberechtigung gewagt hatte, nicht mehr rückgängig gemacht werden. Ihre Radikalität hatte eine ganze Generation junger Frauen geprägt, für die das Arbeiten zur Erfüllung eigener Wünsche und Talente, zur Verwirklichung der eigenen Persönlichkeit selbstverständlich war und die auch in ihren Beziehungen mehr Gleichberechtigung einforderten.

An ihrer Literatur schreibt sie weiter, bis zu ihrem Tod 1952[137] in Moskau führt sie Aufzeichnungen, hält ihre Beobachtungen und Überzeugungen fest. Besonders mit ihrer Literatur wollte sie ihre Botschaften verbreiten: »Meine belletristischen Erzählungen verfolgen das gleiche Ziel: gegen die bürgerliche Moral und für die Befreiung der Frau zu kämpfen. Nicht die sexuellen Beziehungen bestimmen das moralische Ansehen der Frau, sondern ihr Wert im Arbeitsleben, bei der gesellschaftlich-nützlichen Arbeit.«[138] Nicht ohne Stolz vermerkt sie, dass ihre Erzählungen im Ausland Erfolg hatten. (»Weil dort die moralische Bewertung der Frau von einem Verständnis der wahren Rolle der *FRAU* in der Gesellschaft noch weit entfernt ist.«[139])

Ihre Bücher wurden vor allem in den Ländern des Ostblocks und in wenigen englischen Übersetzungen von Feministinnen in Amerika und Europa gelesen, ihre »Autobiographie einer sexuell emanzipierten Kommunistin«, einige ausgewählte Schriften sowie ihre Aufzeichnungen aus der Zeit als Diplomatin sind heute auf Deutsch wieder erhältlich. Sie vermitteln einen Eindruck von der Zeit, in der Kollontai lebte, von ihren Gedanken und Ideen. Viele ihrer Bücher und Schriften aber sind selbst antiquarisch nur schwer zu beschaffen.

Was sie, wenn auch nur für wenige Jahre, an Neuerungen in der Sowjetunion in Gesetze verwandelte – vom Mutterschutz über die Abtreibungsrechte bis hin zur Reform der

Ehe- und Scheidungsgesetze – hatte Vorbildwirkung weit über die folgenden Jahrzehnte und das sozialistische System hinaus. In Zeiten, in denen in Amerika und Europa solche grundlegenden Errungenschaften wieder in Gefahr geraten, hilft es, sich an die Standhaftigkeit dieser Frau zu erinnern, die sich in ihren Überzeugungen von niemandem einschüchtern ließ. »Stets hatte ich Hindernisse zu überwinden«, schreibt sie Ende der 1920er-Jahre rückblickend. »Niemals habe ich mich danach gerichtet, was ›andere‹ davon hielten, darüber sagten. Ich habe weder Verdruss noch Schwierigkeiten gescheut. Das habe ich einfach nicht zur Kenntnis genommen. Auch Gefahren haben mich nicht geschreckt. Ich will etwas – also erreiche ich es. Und Schluss.«[140]

Der Name Alexandra Kollontai bleibt auch heute mit ihren radikalen Ideen zu Frauenrechten, sexueller Freiheit und Selbstbestimmung und neuen Formen von Freundschaft, Kameradschaft und Liebe verbunden, die ihrer Zeit weit voraus waren.

DANK

Kein Buch entsteht allein am Schreibtisch, es sind immer viele daran beteiligt, die mit Ideen, Rat, Lektürevorschlägen und Kaffee weiterhelfen, wenn man feststeckt oder den Faden verliert. Großer Dank gilt daher:

Kristen R. Ghodsee für Inspiration, ihre Zeit und für ihren Podcast »A.K. 47«, der für weitere Kollontai-Lektüre empfohlen sei.

Kais Harrabi, Nicole Kienitz und Violeta Tankova für bereichernde Treffen, schnelle Korrekturen und überhaupt für Eure Freundschaft, sowie an Jack Bauer für die Motivation.

Meiner Familie wie immer für alles.

Und natürlich Dietmar Dath, der nie müde wird, Bücher herauszusuchen, Theorien zu diskutieren und neue Dinge zu denken – vielen Dank für alles und vor allem für uns.

ANMERKUNGEN

1 Es gibt tatsächlich nur einen knapp zwanzigminütigen Dokumentarfilm aus dem Jahr 1983 von der österreichischen Filmemacherin Margareta Heinrich und der deutschen Regisseurin Ullabritt Horn: »Ich habe viele Leben gelebt. Alexandra Kollontai – Ein Portrait«.

2 Katharina Volk (Hrsg.): Alexandra Kollontai oder: Revolution für das Leben. Berlin: Dietz 2022, S. 159

3 Alexandra Kollontai: Mein Leben in der Diplomatie. Berlin: Dietz 2003, S. 9

4 Alexandra Kollontai: Autobiographie einer sexuell emanzipierten Kommunistin. Hamburg: Laika 2012, S. 34

5 Alexandra Kollontai: Autobiographie einer sexuell emanzipierten Kommunistin. Hamburg: Laika 2012, S. 34

6 Kristen Ghodsee: Red Valkyries. London: Verso 2022, S. 49

7 Alexandra Kollontai: Autobiographie einer sexuell emanzipierten Kommunistin. Hamburg: Laika 2012, S. 35

8 Kristen R. Ghodsee: Warum Frauen im Sozialismus besseren Sex haben. Berlin: Suhrkamp 2020, S. 176

9 Emma Davis: A Rebel's Guide to Alexandra Kollontai. London: Bookmarks 2019, S. 4

10 Alexandra Kollontai: Ich habe viele Leben gelebt. Berlin: Dietz 1982, S. 81

11 Alexandra Kollontai: Ich habe viele Leben gelebt. Berlin: Dietz 1982, S. 93

12 Alexandra Kollontai: Ich habe viele Leben gelebt. Berlin: Dietz 1982, S. 94

13 Alexandra Kollontai: Betrachtung über meine Vergangenheit. In: Alexandra Kollontai: Der weite Weg. Frankfurt: Neue Kritik 1979, S. 17

14 Kristen Ghodsee: Red Valkyries. London: Verso 2022, S. 53

15 In der Novelle »Wassilissa Malygina« wird sie 1923 beispielsweise mit den Vor-

stellungen des Hausfrauendaseins abrechnen, vgl.: Alexandra Kollontai: Wassilissa Malygina, in: Alexandra Kollontai: Wege der Liebe. Basel: Stroemfeld 1980, S.89–418

16 Virginia Woolf: A Room of One's Own. London: Vintage 2018, S. 9

17 Katharina Volk (Hrsg.): Alexandra Kollontai oder: Revolution für das Leben. Berlin: Dietz 2022, S. 13

18 Alexandra Kollontai: Ich habe viele Leben gelebt. Berlin: Dietz 1982, S. 111 ff.

19 Alexandra Kollontai: Die Situation der Frau in der gesellschaftlichen Entwicklung. Vierzehn Vorlesungen vor Arbeiterinnen und Bäuerinnen an der Swerdlow-Universität 1921. Berlin: Manifest 2021, S. 29

20 Alexandra Kollontai: Die Situation der Frau in der gesellschaftlichen Entwicklung. Vierzehn Vorlesungen vor Arbeiterinnen und Bäuerinnen an der Swerdlow-Universität 1921. Berlin: Manifest 2021, S. 29

21 Simone de Beauvoir: Das andere Geschlecht. Hamburg: Rowohlt 2018, S. 327

22 Ebd.

23 Ebd.

24 Ebd., S. 328

25 Dietmar Dath: Rosa Luxemburg. Berlin: Suhrkamp 2010, S. 22

26 Alexandra Kollontai: Betrachtung über meine Vergangenheit. In: Alexandra Kollontai: Der weite Weg. Frankfurt: Neue Kritik 1979, S. 16

27 Alexandra Kollontai: Ich habe viele Leben gelebt. Berlin: Dietz 1982, S. 31

28 Kristen Ghodsee: Red Valkyries. London: Verso 2022, S. 49

29 Kristen Ghodsee diskutiert in der Bonusepisode 85 ihres Podcasts »A.K. 47« vom 13. Juli 2021, ob sich aus der engen Beziehung zu Soja Schadurskaja Schlussfolgerungen über eventuelle bisexuelle Neigungen ziehen lassen.

30 Sorokin scheint sich hiermit auf Kollontais zweite Ehe mit Pawel Dybenko zu beziehen, der Marineoffizier war.

31 Alix Holt (Hg.): Alexandra Kollontai. Selected Writing. New York: W.W. Norton&Company 1980, S. 29

32 China Miéville: October. The Story of the Russian Revolution. London: Verso 2017, S. 19

33 Alexandra Kollontai: Ich habe viele Leben gelebt. Berlin: Dietz 1982, S. 122

34 Alexandra Kollontai: Autobiographie einer sexuell emanzipierten Kommunistin. Hamburg: Laika 2012, S. 37

35 Simone de Beauvoir: Das andere Geschlecht. Hamburg: Rowohlt 2018, S. 596

36 Alexandra Kollontai: Die Situation der Frau in der gesellschaftlichen Entwicklung. Berlin: Manifest 2021, S. 131

37 Alexandra Kollontai: Ich habe viele Leben gelebt. Berlin: Dietz 1982, S. 110

38 Katharina Volk (Hrsg.): Alexandra Kollontai oder: Revolution für das Leben. Berlin: Dietz 2022, S. 172

39 Alexandra Kollontai: Autobiographie einer sexuell emanzipierten Kommunistin. Hamburg: Laika 2012, S.38

40 Katharina Volk (Hrsg.): Alexandra Kollontai oder: Revolution für das Leben. Berlin: Dietz 2022, S. 159

41 Emma Davis: A Rebel's Guide to Alexandra Kollontai. London: Bookmarks 2019, S. 17 ff.

42 zitiert nach: Lou Zucker: Ich werde kommen, tot oder lebendig. https://www.spiegel.de/geschichte/clara-zetkin-und-der-weltfrauentag-ich-werde-kommen-tot-oder-lebendig-a-ebf36ed4-5cd1-41c0-83ae-0da351dcdd97 (08.03.2021)

43 Kristen Ghodsee: Red Valkyries. London: Verso 2022, S. 60

44 Ebd., S. 61

45 Alexandra Kollontai: Autobiographie einer sexuell emanzipierten Kommunistin. Hamburg: Laika 2012, S.37

46 Ebd.

47 Alexandra Kollontai: Ich habe viele Leben gelebt. Berlin: Dietz 1982, S. 533 ff.

48 Mel Gordon:Voluptuous Panic. The Erotic World of Weimar Berlin. Port Townsend: Feral House 2006, S. 152

49 Rainer Herrn: Der Liebe und dem Leid. Das Institut für Sexualwissenschaft 1919–1933. Berlin: Suhrkamp 2022, S. 49

50 Heike Bauer: Das Institut für Sexualwissenschaft und sexuelle Subkulturen im Berlin der 1920er Jahre. In: Stefano Evangelista & Gesa Stedman: Happy in Berlin? Englische Autor*innen der 1920er und 30er Jahre. Göttingen: Wallstein 2021, S. 83

51 Ebd., S. 16 ff.

52 Mel Gordon:Voluptuous Panic. The Erotic World of Weimar Berlin. Port Townsend: Feral House 2006, S. 164

53 Max Hodann: Sexual Elend und Sexual Beratung. Rudolstadt: Greifenverlag, 1928, Seite 10

54 Rainer Metzger: Wir werden Weltstadt. In: Rainer Metzger (Hg.): 1920s Berlin. Köln: Taschen 2017, S. 26

55 Bundeszentrale für politische Bildung: 1994: Homosexualität nicht mehr strafbar, 07.03.2014 via: https://www.bpb.de/kurz-knapp/hintergrund-aktuell/180263/1994-homosexualitaet-nicht-mehr-strafbar/ abgerufen am 18.09.22

56 Dan Healey: Homosexual Desire in the Revolutionary Russia. Chicago: University of Chicago Press 2001, S. 133

57 Alexandra Kollontai: Geschlechterbeziehung und Klassenkampf. In: Katharina Volk (Hrsg.): Alexandra Kollontai oder: Revolution für das Leben. Berlin: Dietz 2022, S.101

58 Alexandra Kollontai: Aus dem Tagebuch 1914. In: Katharina Volk (Hrsg.): Alexandra Kollontai oder: Revolution für das Leben. Berlin: Dietz 2022, S. 61

59 Helmut Steiner: Alexandra M. Kollontai (1872–1952) über Theorie und Praxis des Sozialismus – Überarbeitete und erweiterte Fassung eines Vortrags vor der Klasse für Sozial- und Geisteswissenschaften der Leibniz-Sozietät am 21. Dezember 2000 S. 90, via: http://leibnizsozietaet.de/wp-content/uploads/2012/11/04_steiner1.pdf (18.09.22)

60 Alexandra Kollontai: Ich habe viele Leben gelebt. Berlin: Dietz 1982, S. 536

61 Alexandra Kollontai: Autobiographie einer sexuell emanzipierten Kommunistin. Hamburg: Laika 2012, S.48

62 Kristen Ghodsee: Red Valkyries. London: Verso 2022, S. 61

63 Alexandra Kollontai: The Third International, in: Kristen Ghodsee Podcast »A.K. 47«. Episode 100 vom 8. März 2022 https://open.spotify.com/episode/5uqi8wTACoyN2XUbjJO4iK, 09.03.2022

64 Alexandra Kollontai: Ich habe viele Leben gelebt. Berlin: Dietz 1982, S. 540

65 Katharina Volk (Hrsg.): Alexandra Kollontai oder: Revolution für das Leben. Berlin: Dietz 2022, S. 160

66 Katharina Volk (Hrsg.): Alexandra Kollontai oder: Revolution für das Leben. Berlin: Dietz 2022, S. 161

67 Alexandra Kollontai: Ich habe viele Leben gelebt. Berlin: Dietz 1982, S.379

68 Helmut Steiner: Alexandra M. Kollontai (1872–1952) über Theorie und Praxis des Sozialismus – Überarbeitete und erweiterte Fassung eines Vortrags vor der Klasse für Sozial- und Geisteswissenschaften der Leibniz-Sozietät am 21. Dezember 2000 S. 89ff., via: http://leibnizsozietaet.de/wp-content/uploads/2012/11/04_steiner1.pdf (09.03.2022)

69 Katharina Volk (Hrsg.): Alexandra Kollontai oder: Revolution für das Leben. Berlin: Dietz 2022, S. 161

70 Maria Mikolchak: Alexandra Mikhailovna Kollontai. In: Victoria Boynton

und Jo Malin (Hg.): Encyclopedia of Women's Autobiography: K-Z. Westport: Greenwood 2005, S. 326

71 Alexandra Kollontai: Ich habe viele Leben gelebt. Berlin: Dietz 1982, S. 435

72 Alexandra Kollontai: Mutterschutz, In: Alexandra Kollontai: Der weite Weg. Frankfurt: Neue Kritik 1979, S. 54

73 Alexandra Kollontai: Ich habe viele Leben gelebt. Berlin: Dietz 1982, S. 543

74 Alexandra Kollontai: Ich habe viele Leben gelebt. Berlin: Dietz 1982, S. 457

75 Alexandra Kollontai: Ich habe viele Leben gelebt. Berlin: Dietz 1982, S. 458

76 Vorwort von Alexandra Arnsburg, in: Alexandra Kollontai: Die Situation der Frau in der gesellschaftlichen Entwicklung. Vierzehn Vorlesungen vor Arbeiterinnen und Bäuerinnen an der Swerdlow-Universtität 1921. Berlin: Manifest 2021, S. 5 ff.

77 https://www.zentralplus.ch/stadt-luzern-will-vorgeburtlichen-urlaub-fuer-schwangere-2276935/ (13.01.2021)

78 Alexandra Kollontai: Die Situation der Frau in der gesellschaftlichen Entwicklung. Berlin: Manifest 2021, S. 175

79 Kristen R. Ghodsee: Warum Frauen im Sozialismus besseren Sex haben. Berlin: Suhrkamp 2020, S. 178

80 Zitiert nach Alexandra Kollontai: Autobiographie einer sexuell emanzipierten Kommunistin. Hamburg: Laika 2012, S.13f.

81 bell hooks: Alles über Liebe. Hamburg: HarperCollins 2021, S.154

82 Ebd.

83 Judith Mackrell: Flappers. Six Women of a Dangerous Generation. New York: Sarah Crichton 2013, S. 167

84 Judith Mackrell: Flappers. Six Women of a Dangerous Generation. New York: Sarah Crichton 2013, S. 252

85 Judith Mackrell: Flappers. Six Women of a Dangerous Generation. New York: Sarah Crichton 2013, S. 168

86 Vorwort von Alexandra Arnsburg, in: Alexandra Kollontai: Die Situation der Frau in der gesellschaftlichen Entwicklung. Vierzehn Vorlesungen vor Arbeiterinnen und Bäuerinnen an der Swerdlow-Universtität 1921. Berlin: Manifest 2021, S. 5 ff.

87 https://www.reuters.com/article/us-usa-abortion-alabama-idUSKCN1SL1QU (18.09.2022)

88 https://www.amnesty.at/über-amnesty/aktivist-innen/netzwerk-frauenrechte/news-events/abtreibungsgesetze-in-den-usa-10-dinge-die-du-wissen-musst/ (21.01.2021)

89 https://www.nytimes.com/interactive/2022/us/abortion-laws-roe-v-wade.html?name=styln-abortion-us®ion=TOP_BANNER&block=storyline_menu_recirc&action=click&pgtype=LegacyCollection&variant=show&is_new=false (12.08.2022)

90 Neelam Bohra: ›They're Just Going to Let Me Die?‹ One Woman's Abortion Odyssey. https://www.nytimes.com/2022/08/01/us/abortion-journey-crossing-states.html (1.08.2022)

91 https://www.tagesschau.de/ausland/polen-abtreibungen-101.html (18.09.2022)

92 https://www.sueddeutsche.de/panorama/kristina-haenel-paragraf-219a-abtreibung-schwangerschaft-1.5179943 (20.01.2021)

93 https://www.bundestag.de/dokumente/textarchiv/2022/kw19-de-schwanger schaftsabbruch-219a-891910 (18.09.2022)

94 Dietmar Dath: Wie viel Wirkung wiegt. https://www.faz.net/aktuell/feuilleton/kino/filmfestspiele-venedig-l-evenement-17533408.html (12.09.2021)

95 Alexander Riebel: Abtreiben ohne Hemmung. Tagespost https://www.die-tagespost.de/kultur/feuilleton/abtreiben-ohne-hemmung-art-221233 (15.09.2021)

96 Kristen R. Ghodsee: Warum Frauen im Sozialismus besseren Sex haben. Berlin: Suhrkamp 2020, S. 177

97 Martin A. Miller: Freud and the Bolsheviks. Psychoanalysis in Imperial Russia and the Soviet Union. New Haven: Yale University Press 1998, S. Preface xi

98 Martin A. Miller: Freud and the Bolsheviks. Psychoanalysis in Imperial Russia and the Soviet Union. New Haven: Yale University Press 1998, S. 64

99 Martin A. Miller: Freud and the Bolsheviks. Psychoanalysis in Imperial Russia and the Soviet Union. New Haven: Yale University Press 1998, S. 94

100 Aufhänger des Gesprächs war ein Aufsatz der Wienerin Elfriede Friedländer, in dem sie ähnlich wie Alexandra Kollontai eine neue Sexualethik forderte. Friedländer sprach sich etwa auch gegen zügellose Promiskuität aus, diskutierte aber ausführlich die Vor- und Nachteile polygamer Beziehungen. Vgl.: Clara Zetkin: Revolution statt Sex. Gespräche mit Lenin (1925). In: Barbara Eder und Felix Wemheuer (Hg.): Die Linke und der Sex. Klassische Texte zum wichtigsten Thema. Wien: Promedia 201, S.103 ff.

101 Clara Zetkin: Revolution statt Sex. Gespräche mit Lenin (1925). In: Barbara Eder und Felix Wemheuer (Hg.): Die Linke und der Sex. Klassische Texte zum wichtigsten Thema. Wien: Promedia 2011, S.103 ff.

102 Gregor Brunner: So teuer kann eine Scheidung werden, https://www.faz.net/aktuell/finanzen/scheidung-wie-teuer-das-ende-einer-ehe-sein-kann-17879471.html?premium (16.03.2022)

103 Alexandra Kollontai: Autobiographie einer sexuell emanzipierten Kommunistin. Hamburg: Laika 2012, S. 61

104 Ebd., S. 45

105 Ebd.

106 Alexandra Kollontai: Autobiographie einer sexuell emanzipierten Kommunistin. Hamburg: Laika 2012, S. 31

107 Alexandra Kollontai: Mein Leben in der Diplomatie. Berlin: Dietz 2003, S. 27

108 Helmut Steiner: Alexandra M. Kollontai (1872–1952) über Theorie und Praxis des Sozialismus. Sitzungsberichte Leibniz-Sozietät, Band 63, Berlin: Trafo 2004, S. 84

109 Alexandra Kollontai: Mein Leben in der Diplomatie. Berlin: Dietz 2003, S. 69

110 Alexandra Kollontai: Die Liebe der drei Generationen. In: Alexandra Kollontai: Wege der Liebe. Basel: Stroemfeld 1980, S. 5–68

111 Henry James' Roman »Bildnis einer Dame« (1881) sei an dieser Stelle nur exemplarisch als Beispiel für die Anfänge dieses neuen Frauenbilds in der Literatur genannt.

112 Alexandra Kollontai: Ein Weg dem geflügelten Eros! In: Alexandra Kollontai: Der weite Weg. Erzählungen, Aufsätze, Kommentare. Frankfurt: Neue Kritik 1979, S. 105–128

113 Alexandra Kollontai: Ein Weg dem geflügelten Eros. In: Alexandra Kollontai: Der weite Weg. Frankfurt: Neue Kritik 1979, S. 106

114 Ebd., S. 107

115 Ebd.

116 Ebd., S. 118

117 Ebd., S. 120

118 Ebd.

119 Djuna Barnes: Nachtgewächs. Frankfurt: Suhrkamp 1998

120 Alexandra Kollontai: Die Geschlechtsbeziehung und der Klassenkampf (1918). In: Alexandra Kollontai: Autobiographie einer sexuell emanzipierten Kommunistin. Hamburg: Laika 2012, S. 78

121 Barbara Kirchner: Kampf der allgemeinen Einsamkeit. In: Alexandra Kollontai: Autobiographie einer sexuell emanzipierten Kommunistin. Hamburg: Laika 2012, S. 14

122 Alix Holt (Hg.): Alexandra Kollontai. Selected Writing. New York: W.W. Norton&Company 1980, S. 11f.

123 Die Herausgeber Carolin Amlinger und Christian Baron der im Laika-Verlag erschienenen deutschen Ausgabe von 2012 weisen explizit die gestrichenen Stellen kursiv in ihrem Buch aus: Alexandra Kollontai: Autobiographie einer sexuell emanzipierten Kommunistin. Hamburg: Laika 2012, S. 28ff.

124 Ebd., S. 45

125 Alexandra Kollontai: Ich habe viele Leben gelebt. Berlin: Dietz 1982, S. 546

126 Nargis Kassenova und Svetlana Rukhelman: The Thorny Road to Emancipation: Women in Soviet Central Asia, 8.09.2019 https://daviscenter.fas.harvard.edu/insights/thorny-road-emancipation-women-soviet-central-asia (18.09.2022)

127 Kristen Ghodsee: Red Valkyries. London: Verso 2022, S. 72

128 Alexandra Kollontai: Ich habe viele Leben gelebt. Berlin: Dietz 1982, S. 549

129 Olav Njølstad: The Nobel Peace Prize: revelations from the Soviet past. https://www.nobelprize.org/prizes/themes/the-nobel-peace-prize-revelations-from-the-soviet-past (14.04.2005)

130 Olav Njølstad: The Nobel Peace Prize: revelations from the Soviet past. https://www.nobelprize.org/prizes/themes/the-nobel-peace-prize-revelations-from-the-soviet-past (14.04.2005)

131 Alix Holt (Hg.): Alexandra Kollontai. Selected Writing. New York: W.W. Norton&Company 1980, S. 22

132 Alix Holt (Hg.): Alexandra Kollontai. Selected Writing. New York: W.W. Norton&Company 1980, S. 12

133 Katharina Volk (Hrsg.): Alexandra Kollontai oder: Revolution für das Leben. Berlin: Dietz 2022, S. 57

134 Joachim Schwelten: Alexandra Kollontai. In: Die Zeit, Nr. 12/1952, 20.03.1952. https://www.zeit.de/1952/12/alexandra-kollontai (abgerufen: 15.09.2022)

135 Ebd.

136 Alexandra Kollontai: Mein Leben in der Diplomatie. Berlin: Dietz 2003, S. 195

137 Alexandra Kollontai: Ich habe viele Leben gelebt. Berlin: Dietz 1982, S. 551

138 Alexandra Kollontai: Betrachtungen über meine Vergangenheit. In: Alexandra Kollontai: Der weite Weg. Frankfurt: Neue Kritik 1979, S. 13

139 Ebd., S. 13

140 Alexandra Kollontai: Mein Leben in der Diplomatie. Berlin: Dietz 2003, S. 195